Antes do Fim do Mundo

Biblioteca Camille Flammarion

Em homenagem a Camille Flammarion, o mais ilustre astrônomo do século 19, amigo de Allan Kardec, escritor espírita destacado, criador do gênero literário da ficção científica de cunho espírita, a Editora 3 de Outubro criou a "Biblioteca Camille Flammarion", onde irá reunir obras de ficção científica com conteúdo genuinamente espírita.

Biblioteca Camille Flammarion

Antes do Fim do Mundo

uma obra de

Gabrielle Flammarion

(Espírito)

Walace F. Neves

(Médium)

Apresentação

Camille Flammarion

Editora 3 de Outubro

Editora 3 de Outubro Ltda.
Rua Teixeira, 140, 1º andar, Taboão
CEP 12916-360 – Bragança Paulista – SP
Caixa Postal 401 – CEP 12914-970
Tel./Fax (11) 2473-0182
site: http://www.editora3deoutubro.com.br
e-mail: editor@editora3deoutubro.com.br

PRODUÇÃO GRÁFICA DA CAPA
ANDREI POLESSI SOBRE ARTE DE SÔNIA CAROLINA

1ª edição
Tiragem: 2.000 exemplares
Edelbra Gráfica Ltda.

Impresso no Brasil
Presita en Brazilo

CIP-Brasil. Catalogação na fonte

Neves, Walace Fernando.
Antes do fim do mundo. Walace Fernando Neves (pelo espírito Gabrielle Flammarion). Bragança Paulista, SP : Editora 3 de Outubro, 2011, 1ª Edição.
208 p.
1. Espiritismo. 2. Romance Espírita. 3. Literatura francesa. I.Título. II. Série: Biblioteca Camille Flammarion

CDD 133.9 CDU 133.7

Sumário

Apresentação	05
Introdução	07
1. No promontório	08
2. Reflexões	12
3. No deserto	18
4. A biosfera	22
5. Visitantes interativos	28
6. Querido amigo	32
7. O debate	42
8. Reencontro	58
9. O intruso	80
10. Desmascaramento	102
11. Profissão de fé	117
12. Novos planos	120
13. No continente do sul	127
14. A missão	142
15. Prisioneiros	170
16. Visitas	194
17. A grande decisão	202
18. A batalha final	208
19. Regeneração	219
20. Quase no fim	229
21. Resgate	231
22. No promontório	233

Apresentação

Amigos,

De espectro mais amplo e de consequências mais profundas que as convulsões telúricas e os cataclismos geoclimáticos dos negros prenúncios sobre os destinos da Terra, as convulsões morais e sociais que sufocam o campo biopsíquico do planeta são mais letais e avassaladoras para a evolução do espírito imortal.

Tais fenômenos próprios dos mundos em fase de transição, como aquela por que passa o orbe terrestre, representam a realidade da interação mental entre os dois campos de vida, o das virtualidades terrestres e o da realidade espiritual despida de atavios e de adereços, num confronto singular. E a alma humana vê-se completamente esquecida e dissociada da noção de que a humanidade é uma só, embora apresentem características específicas oriundas das peculiaridades dos planos vibratórios em que gravitam.

Nesta obra, conquanto se apresente com determinadas nuanças que lembram o fascínio da ficção, *madame* Gabrielle, a dedicada companheira dos nossos últimos anos da existência física, visualiza o 'planeta azul' em séculos porvindouros emergindo extenuado e apático das traiçoeiras areias movediças e do lodaçal em que se chafurdara nos estertores finais do segundo milênio do calendário gregoriano para, após relativo repouso das lutas da sobrevivência, renascer gradativamente das próprias cinzas em busca incansável para alcançar mais adiante, em conquista legítima e insofismável, a condição de mundo de regeneração, como apontava desde o século 19 o mestre lionês Allan Kardec...

Colocando neste trabalho sua inteligência e acuidade tanto quanto toda sua sensibilidade, *madame* Gabrielle faz descortinar uma progressão sem fim, como lei natural no contínuo transcorrer dos futuros milênios.

Com isto ela compõe, aos poucos, um cântico de profunda beleza que faz derramar com suavidade seus acordes mais consonantes e maviosos a respeito do coração humano e exalta, sobretudo, as luzes estelares da *esperança*.

Em *Antes do fim do mundo*, *madame* Gabrielle posiciona o leitor pouco antes do fim do século 25 quando logo depois se iniciaria a nossa obra *O fim do mundo*, editada no século 19.

Utilizando-se de conceitos próprios da atualidade, com possíveis aplicações nos tempos adiante, faz-nos caminhar pelos meandros da emoção levando uns a assimilarem com mais propriedade as eternas verdades compiladas pelo mestre e amigo Rivail, o Allan Kardec, verdades estas que poderíamos ter difundido melhor durante nossa presença em vestimenta física na Terra.

E o espírito humano, viajante do espaço nesta nave de magma, de gnaises e granito, de sedimentos e água, de gazes respiráveis, de gravidade e movimento, de vida enfim, no inusitado comboio da família solar, terá que percorrer ainda inumeráveis translações completas, em movimento conjunto com a nossa e com tantas outras *vias-lácteas* até que, liberto dos grilhões da Terra, encontre sua verdadeira e real identidade no harmonioso concerto da Criação.

Camille Flammarion
Outubro de 1996.

INTRODUÇÃO

Por quantas vezes, na solitária beleza dos Pirineus, deixei-me embalar, à noite, pelo esplendor do céu. E, vagueando o olhar pela imensidão, surpreendia-me perdida, ora entre as miríades de estrelas da Via Láctea, ora rolando entre a profusão de nebulosas nos espaços sem fim, nas vagas ilimitadas do pensamento...

Quantos momentos de meditação a buscar respostas sobre as origens e finalidade de tudo e as razões da vida. De outros, ansiava entender os mecanismos secretos que conduziam a história do universo eternamente gravada em si mesmo...

Por vezes tecia considerações a respeito da terceira lei de *sir* Isaac Newton e lograva alcançar que era ela que determinava toda a dinâmica do cosmos, da vida física e moral, mas sem compreender a determinante primordial, a geratriz e epicentro que teria levado a todas as reações seguintes numa cadeia interminável de eventos universais.

Em quantas e quantas ocasiões, quando o plenilúnio distendia-se sobre os pinheirais a compor silenciosa sonata com reflexos prateados, em contrastes com as silhuetas que se desenhavam contra a limpidez do céu, eu quisera ter desvendado incógnitas tão profundas e recusava-me a admitir a Terra, com sua humanidade, tão solitária na vastidão do infinito e interrogava-me entristecida: "Por que o começo?... Para que o futuro?... Qual a razão de toda a trajetória até ao presente, da simplicidade da mônada primeira à complexidade hominal?..."

Hoje, porém, livre dos embaraços e inibições de um corpo composto por elementos físico-químicos, posso considerar desvendados muitos dos enigmas que me atormentavam o espírito, mas também tantos outros mistérios há por serem retirados de debaixo do véu de sombras que os ocultam...

E com estas lembranças que nunca se sepultaram, teço carinhosamente este ensaio, na condição de espírito com a inalienável liberdade de pensar e de expor pensamentos.

Concluo que as ações do homem vão delineando seus caminhos, à frente, pelos quais irá percorrer e, sem sombra de dúvidas, o futuro já estará programado, contudo, ao percorrê-los ele poderá redesenhá-los retificando-os, embelezando-os com as luzes do amor ou enfeando-os com as sombras das atitudes que lhe são próprias.

Profecias pensarão uns; fantasias e volições duvidarão outros; ficção e romance, afirmarão alguns; possibilidades cogitarão tantos outros, com relação a este trabalho, todavia, independentemente das impressões que este ensaio venha a causar, é como vejo o futuro.

E no momento atual quando a humanidade passa por sérios conflitos, naturais das grandes transições, quando o desânimo ameaça, o desconforto se insinua e a descrença avança, urge demonstrar que a esperança não é um vocábulo utópico, mas uma realidade muitas vezes oculta, que permanece encastelada na concha do coração e que precisa da claridade do amor para reviver e brilhar.

Gabrielle Flammarion
Vitória, 31 de dezembro de 1996.

1. No Promontório

O mar estava calmo e refletia os sombrios tons avermelhados que pareciam deitar-se pesadamente sobre o horizonte, enquanto, aos poucos, chegavam as sombras da noite.

Lá de baixo, onde os vagalhões precipitam-se em furiosa arremetida, mas naquele instante contidos à força pela baixa-mar, sobem abrupta e vertiginosamente, quase na vertical, majestosos rochedos sempre açoitados pelos ventos oeste, transformados em fresca aragem naquela hora de transição térmica.

Do alto, a visão ampla do oceano e do céu, confundindo-se em algum lugar, onde parece estar a linha do horizonte. E, sobre o terreno acidentado, dominando toda a paisagem, ergue-se ampla residência solidamente construída em rocha e madeira, de linhas arquitetônicas sóbrias e em harmonia com o ambiente.

Naquele instante um homem ainda jovem, louro, de olhos vivos e claros e de estatura acima da mediana, dirigiu-se, sem pressa, ao espaçoso alpendre de sua casa, em balanço ousadamente projetado para além das bordas do promontório. Instalou-se, preguiçosamente, em confortável poltrona, pois acabara de sair de seu laboratório após exaustivas horas de pesquisa sobre a dinâmica das ondas cerebrais, cruzando dados obtidos com a utilização de sensores altamente sofisticados.

Sua mente, aos poucos, esvaziou-se das elucubrações científicas de antes para ocupar-se de uma idéia que o perseguia há algum tempo e deixou que o pensamento fluísse livre e tranquilo.

Carl Amundsen Bjorn, trinta e cinco anos de idade, nasceu no ano de 2.370 no próspero estado da Suécia, integrante da Confederação Europeia. Estudou nos melhores institutos europeus do saber, sempre com a primazia no recebimento de bolsas de estudos, por direito, em virtude de sua elevada capacidade demonstrada nos processos seletivos.

O governo da Confederação Europeia havia adotado o sistema de oferecimento de bolsas completas a candidatos selecionados para desenvolvimento de estudos dentro de projetos especiais e prioritários, com aplicação direta e imediatamente relacionadas às necessidades básicas da humanidade. Dentre eles: a conservação da integridade física do planeta e todas as ramificações emergentes; saúde física e sua relação com os estados mentais do indivíduo; engenharia alimentar em função dos estados críticos da terra, da água e do ar; produção alimentar como resultado tecnológico. Aos demais candidatos, estudiosos e pesquisadores que buscam atender aos interesses, gosto e tendências pessoais, o governo oferecia, apenas, local para pesquisa e trabalho.

Bjorn era laureado em física avançada, microeletrônica, bioenergética, astrobiologia e bioquimismo de agentes poluidores e criara uma disciplina científica que chamou de "humanismo psíquico", conceituando-a como uma sociologia mais profunda que estuda o psiquismo humano e sua interação com o psiquismo de grupo, concentrando-se, numa primeira linha de trabalho, na utilização dos efeitos benéficos das afinidades de caráter positivo, num grupo harmônico e, numa segunda linha de trabalho, no aproveitamento da bioenergia de subgrupos afins, inseridos num grupo não harmônico. Após estruturar a disciplina científica, definir conceitos e posturas, aguardava a decisão da Grande Academia Mundial de transformá-la em ciência oficial.

As sombras da noite haviam invadido, mais ainda, as prerrogativas da tarde em declínio, com o aparecimento de algumas pálidas e indecisas estrelas acima do horizonte. Apesar da permanente névoa na atmosfera filtrando a plena manifestação das estrelas, o momento crepuscular, a empurrar o dia pelas bordas do oceano inexoravelmente para o outro lado da terra, era solene.

Bjorn semicerrou os olhos e ensimesmou. Os pensamentos surgiam com facilidade para fluírem como uma caudal remansosa sem pressa de alcançar o oceano.

2. Reflexões

Bjorn meditou por longo tempo...

A humanidade avançara bastante em conhecimento e em condições de vida. Ao longo dos últimos quatro séculos, convencera-se de que sua sobrevivência dependia do trabalho individual em estreita relação com o trabalho coletivo e cooperativo. Descobrira que as habilidades, cultura e inteligência deveriam ser estimuladas ao máximo e dirigidas para o bem de todos. Percebera que, no sentido de pátria, deveria haver um significado efetivo de preservação e crescimento das potencialidades nacionais, sem, contudo, a supremacia da individualização e a busca da hegemonia comercial, cultural e política sobre outras nações, valorizando desta forma o sentido mais amplo da fraternidade.

O termo sociedade abrangia um significado mais consolidado de igualdade de direitos e deveres com profundo respeito às peculiaridades de cada cidadão. A solidariedade saíra da condição de obrigação moral para tornar-se um fato comum, o que permitiu a eliminação da mendicância e da miséria, sem, contudo, favorecer ou estimular a preguiça, a dependência e a consequente degradação moral. O trabalho tornou-se lei natural sem exigências ou imposições, em virtude da consciência da responsabilidade pessoal, estabelecendo-se, assim, a ordem e o progresso constantes, e o indivíduo conquistara o seu valor e não era mais um rosto perdido na multidão. A criminalidade reduzira-se, profundamente, com o desaparecimento da hediondez; a corrupção e a espoliação tornaram-se exceções punidas com o ressarcimento, o desprezo e a condenação ao ostracismo.

As guerras limitavam-se a algumas escaramuças aqui ou ali, em alguns pontos do globo, provocadas por certos grupos rebeldes ou insatisfeitos com a nova ordem de coisas, exigidas pela própria consciência humana.

Soprava um vento fresco quando o jovem abriu os olhos. Fitou o céu e viu cintilações nas estrelas e em algumas regiões, a palidez de sempre da Via-láctea. Alegrou-se, pois eram as primeiras indicações de que a poluição atmosférica começava a ser dominada. Há quantos anos as estrelas mais significativas acendiam-se mortiças e sem cintilações!?...

Respirou fundo e, olhando aqueles astros, lembrou-se dos grandes avanços da ciência. A Terra parecia ter-se assentado em seus alicerces após tantos cataclismos resultantes da insensatez do homem. Tinha notícias de que durante quase quatro séculos os abalos sísmicos haviam aumentado em frequência e em intensidade, do mesmo modo a chuva ácida, o efeito estufa, os descontroles das estações do ano e o envenenamento das águas dos rios, lagos e oceanos. Ampliara-se o quadro de escassez de alimentos pelo empobrecimento do solo. O aumento das enfermidades respiratórias, o crescimento dos níveis de mortalidade infantil por causas desconhecidas e os altos índices de criminalidade, em toda parte, tornaram-se catástrofes incontroláveis. Não era difícil fazer uma análise retrospectiva considerando-se o expressivo quadro que a Terra oferecia, no momento: grandes áreas desertas, lagos sem flora ou fauna, mananciais minguados e a grande esteira de assoreamentos.

Algumas das grandes potências mundiais viram-se drasticamente abaladas em suas economias pelas insólitas e extremas flutuações das bolsas de valores e diretamente atingidas em cidades estrategicamente produtoras por intempéries constantes. Configurou-se, por muito tempo, o alastramento de doenças fatais cuja etiologia vinculou-se ao emprego indiscriminado de agrotóxicos e pesticidas, em escalas alarmantes. Além disso, a Terra teve ampliada a redução global da população, pela falta do crescimento vegetativo, porque as mulheres, horrorizadas com as condições humanas, em termos morais, físicos e sociais, recusavam-se a ter seus filhos.

As religiões mais importantes, sem condições para resolverem as grandes questões da vida e oferecerem conforto moral dentro de padrões racionais, não mais espremiam as consciências no terrível torniquete da crença no inferno eterno, escaldante e injusto, e, em contrapartida, um céu beatífico, inoperante, tedioso e também injusto. Assim Deus deixou de ser apresentado antropomórfico, vingativo e de justiça dúbia para ser questionado e meditado como consciência geradora e partícipe de tudo, desde a mais ínfima partícula às energias mais poderosas do macrocosmo; desde as tessituras do ADN às complexidades maiores da vida. Mesmo assim, estruturas religiosas mais abertas avançaram incorporando ao seu arcabouço filosófico a transpsicologia, considerada como um avanço nas ciências do psiquismo, a ofertar os conhecimentos para uma consciência cósmica onde o homem pudesse, num simples trabalho de introspecção, conhecer-se a si mesmo, como postulara Sócrates, na antiguidade clássica.

Os templos deixaram de ser ambientes destinados aos cultos exteriores, de dogmas, de simbolismos e de rituais, para consagrarem-se em locais de meditação, recolhimento, diálogo fraterno, expansão da consciência, no sentido de descobrir-se que o homem deixa de ser personalidade adstrita aos limites acanhados de sua rua, de seu bairro e do próprio país para transmudar-se em cidadão responsável pelo planeta e, numa visão mais ampla, em cidadão do universo. Somente o Vaticano, surdo à nova ordem, tornara-se um bolsão de resistência ao progresso em andamento. Após tantas intrigas e lutas intestinas pelas posições de supremacia, em todos os níveis da hierarquia eclesiástica, perdera o poder espiritual sobre as criaturas e o poder temporal sobre as nações. E, praticamente implodido, em suas bases, tornara-se um estado completamente isolado da Confederação Européia. O Vaticano alimentava os últimos estertores das tradições farisaicas profundamente distantes da singeleza do primitivo cristianismo, em nome do qual dominou homens e nações, assim, se auto-alimentava, filosófica e religiosamente, na certeza de que o grupo de seguidores sob a liderança papal, eram os únicos eleitos de Deus para usufruírem das glórias do Paraíso, enquanto que o restante do mundo, considerado herético, abarrotaria as fogueiras infernais... Consideravam obsoleta a titulação de V. Santidade para o papa e se cogitava, em processo, de mudar para V. Divindade...

Lá em baixo, o mar saíra de sua placidez e arremessava-se, com fragor, nos contrafortes rochosos da penedia com teimosa e inútil tentativa de empurrá-los terra a dentro, com estrépito, acompanhado do sibilar da espuma resultante dos impactos, desmanchando-se, no retorno. E a lua, ultrapassada a mais densa e pesada massa atmosférica, emprestava suave claridade ao alpendre enquanto estendia-se em faixa tremulante sobre o mar, criando uma doce sensação de paz.

Bjorn considerou, ainda, que a saturação e o instinto de sobrevivência, subjacente, tanto quanto oculta ânsia interior pelo melhor levaram o homem a definir um basta. E, consciente de seus deveres para com a vida, avançou mais.

Apesar de todas as distonias humanas, o mundo mudou, cresceu e evoluiu. O ser humano havia desenvolvido uma espécie de sexto sentido ainda embrionário em termos gerais, que estivera em estado de adormecimento nas humanidades pregressas, despertando apenas em alguns 'privilegiados'. As relações telepáticas, tão criticadas, negadas ou negligenciadas nos séculos passados, disseminaram-se em vários níveis de percepções, atendendo à lei das afinidades psíquicas, de tal modo que se tornara mais difícil enganarem-se uns aos outros.

No campo da alimentação, que se tornara artigo crucial no passado, escassa pela intemperança, ganhara novos padrões de criação e qualidade, sem faltar os nutrientes essenciais. Os campos hidropônicos, em estufas, multiplicaram-se em toda parte, uma vez mais explorados os mananciais do subsolo com a nova tecnologia de pressão dirigida e controlada para captar água de lençóis virgens, não contaminados, como acontecera a grande parte da água de superfície. Podia-se dizer que não havia mais lixo, pois se abolira o desperdício e, para cada novo resíduo, novos processos foram criados para reciclagem e reaproveitamento.

A extração mineral na Lua e em Marte, controlada por técnicos instalados em biosferas, após processados convenientemente, produziam ligas leves e extremamente resistentes, permitindo construção de veículos terrestres e espaciais levíssimos que exigiam mínimo esforço de propulsão.

Os elementos energéticos extrativos do planeta se haviam escasseado, o que levou a criarem-se processos alternativos de propulsão aproveitando-se os próprios campos magnéticos da Terra, da Lua, de Marte e de energias derivadas do Sol. As comunicações atingiram elevados graus de sofisticação e entre elas a fabricação de fibras óticas resultantes do processamento de escórias.

A medicina não conseguiu ampliar a longevidade tão procurada, entretanto o sentido filosófico de vida, enquanto vida, era o de conservá-la o melhor possível o quanto permitisse o tônus vital de cada indivíduo e, para tanto, os órgãos artificiais multiplicaram-se, em quantidade e qualidade, exigindo o mínimo de transplantes humanos. Daí a morte passar conceitualmente de terrível e dolorosa sorte, para inevitável e respeitosa situação, mas profundamente natural.

O progresso estabelecera-se como lei natural de sobrevivência; talvez por isso, levara de roldão àqueles que tentaram manter o ser humano escravizado à ignorância para explorá-lo em próprio benefício, como sempre acontecera, e aqueles que persistiram nesta prática pereceram no isolamento.

Bjorn interrompeu, por instantes, as suas elucubrações, levantou-se, pegou uma caneca de chá, anteriormente preparado, e retornou para o mesmo lugar. Sorveu alguns goles do líquido aquecido registrando uma sensação de reconforto.

Ouvindo o som cavo das ondas impactando o rochedo e o murmúrio soturno nas locas e reentrâncias da base, nos momentos de refluxo, Bjorn recordou-se dos grandes vultos de séculos passados, quando a história os registrou como verdadeiros heróis que fizeram eclodir a onda revolucionária mundial possibilitando à humanidade sobreviver à possível hecatombe total para a qual caminhava em progressão geométrica desde o século 20. Suas armas foram a retidão de caráter e os sacrifícios pessoais. Foram mentes livres, voltadas para o bem e para a paz geral que, surgindo em vários pontos do globo, principalmente nos países ditos detentores de maior poder e de maior imposição, a partir da França, construíram uma teia em sucessão rápida, de progressão geométrica. Elos que se soldaram num perfeito automatismo como se um programa preestabelecido se desencadeasse para eclodir em determinado momento. Havia todas as condições para crer-se que aqueles homens e mulheres teriam nascido apenas para aquele momento histórico-social de darem-se as mãos e insurgirem-se, pacificamente, contra os desmandos de seus governos.

Essas criaturas não mais pertenciam às suas pátrias, pois a consciência do dever as elevou à condição de cidadãos do mundo.

Estudantes e artistas, pesquisadores e cientistas, políticos honestos forçados a abdicarem de suas siglas partidárias, literatos associados a líderes religiosos que abdicaram de suas confissões, militares de altas patentes ameaçados ao enfrentamento de conselhos de guerra; vários prêmios Nobel da paz que recusaram suas premiações uniram-se corajosamente em rede, embora com suas vidas e famílias ameaçadas. Enfrentaram e impuseram-se às poderosas forças econômicas e conseguiram abolir toda e qualquer transação que não fosse de interesse geral, todas as comercializações de armamentos, denunciaram as tramas comerciais que abalariam os ecossistemas. Muitos desapareceram misteriosamente, mas de imediato eram substituídos por outros de mesmo vigor e convicção.

As potências internacionais tentaram, inutilmente, desmoralizar, desmontar a rede porque não havia líderes. Cada um sabia o que fazer e como agir, com precisão de relógio, em nome da liberdade, igualdade e fraternidade que elegeram como lema. Em pouco tempo tornou-se poderosa e indestrutível, porque atendia aos anseios e esperanças dos povos que aderiram em massa àquele movimento de todos para todos.

A Terra, agora, configurava-se como a fênix da lenda grega.

Esboçava-se, no mundo, uma espécie de busca da perfeição, pois todos contribuíam como numa compulsão, em busca de padrões mais altos na tentativa de liberação total dos sofrimentos, das dores de ordem física e de ordem moral. Contudo, esta compulsão não viera alicerçada na esperança. O homem parecia, de certa forma, apático e robotizado, prosseguindo na vida tangido por uma força exterior que aproveitava os mínimos recursos de sua vontade. Apesar de todo o progresso alcançado, do conforto e das condições de sobrevida assegurados, havia algo na psicosfera humana que caracterizava, como um todo, a humanidade, naquele limiar do século 25.

Terrível conclusão: o homem não alcançara, ainda, os pórticos da felicidade.

3. No Deserto

Àquela hora da noite sob a palidez do luar, o que outrora fora região luxuriante e rica de espécimes vivos, de sons noturnos e de vegetação específica, agora possuía caráter insólito e triste. Silêncio sepulcral, árvores esparsas, rígidas, desfolhadas e secas, como fantasmas vegetais em silhuetas estranhas à fraca luz da lua. Um frio cortante dominava aquele ambiente inóspito. Ali, pelo menos, as estrelas tinham mais chance de se mostrarem com um pouco mais de liberdade.

Em meio à solidão, uma luz branco-amarelada escoava-se pelo retângulo transparente da espaçosa tenda ambientalizada, firmemente plantada no chão, e derramava-se por alguns metros no solo seco e ferido por muitas rachaduras.

Silvia Steinberg fazia os últimos registros de voz com interface para texto, no miniprocessador de última geração, das observações, sondagens e análises do solo e subsolo obtidas em seu laboratório ali montado.

Desligou o equipamento, passou ao compartimento contíguo de forma quadrada e retirou, do fundo da tenda, pequeno tampão de meia polegada deixando à mostra o solo ressequido. Sobre o orifício adaptou pequena caixa metálica cúbica encimada por tubulação que terminava a pequeno espaço do teto rebaixado daquele compartimento. Em seguida pressionou pequeno botão numa caixa prateada presa à parede fazendo acender um *led* vermelho piscante. Segundos depois, o aparelho cilíndrico emitiu um zumbido eletrônico e dele um jato de *laser* fendeu o solo em direção ao subsolo com alta potência. À medida que abria um caminho tubular ia, ao mesmo tempo, cristalizando e solidificando a parede interna que se formava e, em breves instantes, o raio atingiu profundo poço artesiano anteriormente identificado por Silvia. Em instantes, o jato de *laser* superaquecia a água que, ao subir pelo duto cristalizado, vaporizava-se invadindo aquele compartimento. O vapor rapidamente condensava-se no teto resfriado e caía sob forma de chuva tépida e agradável.

Terminado aquele banho reconfortante, Silvia acomodou-se em pequena cama que dobrara para oferecer espaldar reclinado e, de posse de controle remoto, acionou mecanismo de remoção automática do teto que se enrolou sobre si mesmo, deixando aparecer um segundo teto transparente, permitindo assim a entrada do luar.

Não tinha sono; banhada de suave claridade, deixou-se envolver por aquele momento de paz e engolfou-se em seus pensamentos. Poderia dizer que se sentia realizada. Dona de inteligência invulgar e de acuidade prodigiosa, graduara-se em geologia e selenelogia, hidroponia e astronomia. Criara tecnologia para prospecção do sub-manto e do magma.

Durante seus momentos de folga, adestrava suas naturais possibilidades psíquicas de desdobramento da personalidade, em transe consciente e aprofundara seus níveis de percepção extrasensorial.

* * *

Silvia nasceu em São Francisco, nos Estados Unidos da América do Norte, no ano de 2.380, pouco antes da grande catástrofe, quando o país, secretamente, preparava-se para eclodir domínio sobre várias nações das Américas e algumas da Europa, as que mais se haviam expandido e ameaçavam sua hegemonia no domínio comercial e econômico. Este domínio dar-se-ia através da presença de assessores oficiais junto aos respectivos governos. A titulação de diplomatas ou embaixadores lhes mascaravam a verdadeira condição de agentes especialmente treinados durante anos para o assassínio, o desencadear de intrigas que culminariam em terrorismo e desarmonias governamentais internas, a eclosão de guerras civis. Por fim, um caos de tal ordem que justificaria sua intervenção armada em nome da defesa da democracia..

Silvia Steinberg há vinte e cinco anos, com poucos meses de idade, ficara órfã de pai e de mãe dos quais herdara poderes psíquicos. Ambos cultivavam capacidades anímicas e possibilidade mediúnicas ostensivas e bem desenvolvidas e as empregavam, com amor, para favorecer à humanidade, para aliviar sofrimentos, descobrir pessoas desaparecidas...

O casal fora assassinado pela intolerância política de tendência dominadora, que desejava utilizar-se de seus poderes para a espionagem política e industrial a fim de satisfazer a uma ganância sem fim.

Ao serem abordados por pseudo-pesquisadores, em sua casa, foram levados e confinados em laboratórios secretos. Ali tiveram a visão completa do quadro de vida que os esperava e dos sacrifícios a que estariam expostos.

Certa noite, ainda ligados a sensores de captação de ondas cerebrais e de alterações psíquicas, quando pressentiram um afrouxamento da vigilância, após exaustivos esforços em impedirem quaisquer registros de suas atividades mentais incomuns e extra-sensoriais, desdobraram-se, espiritualmente, e deslocaram-se até a residência de amigos aos quais confiaram a guarda da pequena Silvia. Uma vez lá, corporificaram-se e, diante dos olhos estupefatos de seus amigos, contaram-lhes a trama diabólica de seus captores e o plano de sequestrarem a criança para conduzirem seu crescimento e desenvolvimento sob o guante de seus interesses, na certeza de que aqueles poderes psíquicos haviam sido herdados por sua filha.

Sustentaram que os amigos deveriam fugir com urgência para a Suíça, sem deixar vestígios, onde se configurava a criação da Grande Confederação Européia, quando estariam inteiramente a salvo. Lá encontrariam descendentes da família Bjorn, que lhes eram imensamente gratos pelo fato de o velho Bjorn ter-se aliviado de cruciantes dores provocadas por moléstia insidiosa e irreversível oriunda de forte carga de radiação atômica, a quem confiariam a filha em segurança.

No laboratório secreto, os sensores captaram as alterações fisiopsíquicas do casal, ainda em processo de desdobramento. A equipe correu pressurosa e percebeu que algo estava acontecendo fora de seu controle e, pela leitura dos sinais registrados, deduziram as intenções do casal; ao concluírem pela impossibilidade do controle sobre ambos, e consequentemente pela inutilidade de mantê-los, decidiram concentrar seus esforços na pequena Silvia e eliminá-los com carga de alta voltagem no cérebro.

Imediatamente iniciaram as buscas da menina Silvia e alimentaram os sensores de identificação de todas as possíveis saídas do país com as características genéticas do casal, de tal forma que emitiriam sinais de alarme se quaisquer descendentes genéticos por ali passassem. Todavia, sábia e previdentemente, os pais de Silvia vinham, de algum tempo, impregnando de magnetismo humano para mascaramento do seu campo psíquico na tentativa de anularem qualquer ação dos sensores genéticos.

* * *

Com apenas um toque num botão ao lado de sua cadeira reclinável, Silvia ligou minúsculo aparelho e, com mais toques, ajustou a frequência desejada e o ambiente inundou-se de um cântico suave acompanhado por orquestra de cordas executando melodia de autor contemporâneo de grande inspiração.

Ouvindo a música e banhada de luar, Silvia repassou na mente a sua infância, a adolescência e a realização de seus sonhos e aspirações. Lembrava-se do imenso empenho em tudo aprender com o nobre objetivo de participar da reconstrução do mundo; assim conquistou, com o próprio esforço, tudo o que almejara.

Há algumas semanas encontrava-se naquela região para localizar e estudar os mananciais ocultos no subsolo, suas características e as possibilidades de conduzi-los intactos e a baixo custo à cidade mais próxima que passava por dificuldades pela escassez do precioso líquido. Fizera isto inúmeras vezes e cada uma delas apresentava-se, invariavelmente, como novos desafios, em virtude das diversificadas condições encontradas.

No curso de seu trabalho, fizera muitas amizades, lidava com muita gente em várias regiões da Comunidade Européia.

Sentia-se realizada, mas não se considerava feliz e perguntava-se: por quê?... E sua sensibilidade respondia que não podia ser feliz porque não via a felicidade estampada em cada rosto, por toda parte onde esteve. Pairava uma sensação de angústia velada como se na mente e no coração de cada criatura não houvesse razão para o viver, embora todos se movimentassem para o progresso geral. Inegável a união mundial em torno da produtividade e do atendimento às necessidades básicas de sobrevida e de conforto. A inteligência estava a serviço de todos, entretanto não se conhecia o significado mais íntimo da expressão *felicidade*.

Em seus devaneios, recordou-se de que não conhecera seus pais e os vira, apenas, nas gravações holográficas cujas cenas guardava como relíquias. Conservava na intimidade do seu ser os registros vibratórias do amor e do carinho de seus pais, de modo que as cenas, observadas inúmeras vezes, tangiam-lhe as cordas do coração. A estas lembranças, a aluvião de saudades rompeu as barreiras da emoção maior e chorou. E neste estado adormeceu profundamente.

4. Biosfera III

Sylvia terminou seus estudos preliminares do trabalho por volta do meio-dia, fez ligeira refeição e comunicou-se com a base de operações, no Centro de Estudos Superiores da Água, localizados num dos módulos da Biosfera III, sediada numa região de alta toxidade atmosférica.

Era hora de voltar.

Em poucos minutos, com leve zumbido aproximou-se um pequeno veículo de metal prateado, sem condutor ou quaisquer indicações visíveis de existência de motor convencional. O aparelho telecomandado atendendo às indicações coordenadas encontrou o local, parou e manteve-se suspenso a trinta centímetros do solo. Por comando de voz, abriu-se lateralmente de alto a baixo uma espécie de porta que, descrevendo um arco, apoiou a extremidade livre no chão servindo de rampa por onde Silvia entrou e acomodou todos os equipamentos. Numa das extremidades internas, um console com painel de botões, gráficos e visores acionados permitiu fazer o veículo retornar à Biosfera III, de onde viera.

* * *

As biosferas eram espaços de grandes dimensões hermeticamente fechados e transparentes, com controle de iluminação natural externa, de ambiente perfeitamente climatizado numa representação exata das condições de um ecossistema, resultado do aperfeiçoamento daquelas desenvolvidas no século vinte.

A Biosfera III situava-se numa depressão envolta pela atmosfera densamente poluída. Propositadamente, as biosferas construídas nas diversas regiões do planeta foram situadas em vales ou depressões naturais do relevo e cumpriam dupla finalidade: a produção de alimentos, primordialmente vegetais, seguidos de produtos animais, dos que por preservação cuidadosa sobreviveram à contaminação, e a promoção de gradativa despoluição atmosférica, num processo lento, mas eficaz.

* * *

Do veículo que se aproximava da Biosfera III, podia-se observar a imensa cúpula em meia esfera transparente. O veículo teve a velocidade reduzida e lentamente penetrou num dos compartimentos que se prolongavam para além da cúpula dispostos diametralmente uns aos outros como extensões dos raios da circunferência da base. O veículo parou no interior de um deles e uma porta metálica fechou-se, isolando a comunicação com o exterior, e ali permaneceu naquela câmara tipo de pressurização até que os elementos poluidores fossem sugados e a atmosfera ambiente fosse nivelada à do interior da grande cúpula. A porta de comunicação interna abriu-se junto com a do veículo. Silvia desceu a rampa onde a esperava um homem cujos cabelos embranquecidos e a serenidade fisionômica identificavam-lhe os anos transcorridos, apesar da jovialidade do semblante e a vivacidade do olhar. Silvia beijou-lhe as mãos estendidas e abraçou-o numa demonstração de carinho e alegria pelo reencontro.

– Você chegou na hora certa, Silvia. Os novos estagiários a esperam com a ansiedade de sempre para a complementação da aula da semana passada! – falou aquele simpático senhor.

– Onde estão, Querido Amigo? – perguntou Silvia, com a expressão que usava, desde tenra idade, para nomeá-lo.

– Na sala de vídeo holográfico. E estão muito animados e expectantes quanto à sua aula! – acrescentou ele.

– São dedicados, conscientes e estudiosos. É fácil lidar com criaturas assim. São cinco almas boas que me fazem bem ao coração.

–Tem razão!... Vamos lá, então! – acrescentou.

Em silêncio, os dois foram transportados pela esteira rolante até o departamento de ensino do Centro de Estudos das Águas. Ao chegarem lá, despediram-se e Silvia foi saudada com alegria pelos estagiários. Eram cinco jovens que não ultrapassavam a idade de vinte e três anos.

– Hoje atenderei aos questionamentos que vocês ficaram de formular sobre a estrutura da cúpula das biosferas e sobre o processo de despoluição que adotamos, conforme combinado... – explicou-se a professora.

– Silvia!? – manifestou-se Alex, o mais novo dos estagiários.

– Sim!

– Estou impressionado com o material de que é construída a cúpula. É leve, altamente transparente, muito delgado e, ao mesmo tempo, de uma rigidez que eu nunca vi.

– As cúpulas são construídas com materiais extraídos do subsolo marciano, desconhecidos da Terra há alguns séculos em sua composição. Sofrem uma sintetização de tal modo que apenas poucos quilos são suficientes para a produção do necessário. Em seu processamento de alta temperatura, torna-se pastoso e maleável e, sob forte pressão, toma a forma desejada No caso em estudo, passa por expansão até tornar-se película transparente. Com tratamento adequado e resfriamento, adquire extrema rigidez.

– Estive também reparando... – interrompeu Berg, o estagiário que se sentara mais a frente –... que, em alguns momentos, a transparência é tão grande que parece não existir e em outras percebo sutis alterações cromáticas com variação de tom e de densidade...

– Vocês denotam um grande senso de observação e isto é bom para um pesquisador. As variações a que você se refere, Berg, realmente são muito sutis em nível de percepção visual, no entanto bem definidas e intensas a nível puramente ótico e físico, de um modo geral. As qualidades físicas do mineral permitem, na fase final, tratamento adequado, possibilitando a aquisição de propriedades óticas admiráveis superiores aos dióptricos de boro silicato em termos de refração, difração e filtragem da luz em vários níveis do espectro da janela ótica ou das faixas de frequências além das compreendidas entre o infravermelho e o ultravioleta. Com isso, sensores eletrônicos conveniente e simetricamente instalados determinam a filtragem adequada das várias radiações solares, fazendo-as variar de intensidade.

– Quero crer, então, que são esses os fatores que têm determinado, no interior da cúpula, os aspectos climáticos de simulação das estações do ano, como temos visto...

– São reais e não simulações. E o caráter de regularidade atende, até o limite do possível, aos ciclos vitais próprios de cada tipo de vegetal cultivado das diversas regiões do planeta.

Como ninguém mais se manifestasse sobre o assunto, a professora convidou a que se concentrassem no tema seguinte.

– Por que os projetos de despoluição foram implantados em biosferas?... – Alex voltou à carga.

– Por uma questão de lógica e de economia. A ação despoluidora permite-nos o aproveitamento da água em suspensão no ar, que se precipita durante o processo e é aproveitada.

– Como pode ser aproveitada, se o alto grau de poluição atinge a umidade do ar altamente denso em torno de nós?... – continuou Berg.

– Desculpe-me – obtemperou François –, mas antes de avançarmos seria prudente que Silvia nos explicasse por que todas as biosferas de que temos notícias localizam-se em relevos semelhantes ao da Biosfera III! O que acham?

Todos assentiram com as cabeças.

– Prestem atenção às imagens que o holovídeo vai projetar e à medida que falar, o comando de voz produzirá a animação holográfica. Tela! – falou Silvia com certa inflexão e na parede de fundo desenhou-se um retângulo branco leitoso formado por miríades de pontos vibrantes como se tivessem vida, ocultando a parede do fundo. E Silvia continuou:

– Observem que acima da cúpula em dois pontos opostos e equidistantes do centro erguem-se duas altas colunas encimadas por esferas prateadas – as imagens projetaram-se, em sucessão, tridimensionais – que sob a ação da energia gerada por potentes equipamentos ficam envolvidas por atmosfera azulada, cargas de alta frequência e alta tensão. Depois de certo tempo de acumulação, saltam centelhas porque as cargas acumuladas, em expansão, encontram nos elétrons livres da atmosfera os caminhos de uma esfera para outra a intervalos inicialmente pré-programados, mas que com a continuidade estes intervalos de tempo diminuem, transformando-se o centelhamento em esteira contínua até que, uma vez descarregadas, o processo entra em fase de reinício ou repouso... Com esta acumulação eletrônica vêm os agentes poluidores que se lhes agregam e no transcurso do tempo, num fluxo contínuo, embora lento, as biosferas os vão atraindo para onde se localizam.

– Daí a grande densidade atmosférica que existe nesta região? – interrogou Alex, novamente.

– Perfeitamente, Alex. E note que a maior densidade é em torno da cúpula central e que se estende num raio de alguns quilômetros e, à medida em que se distancia do centro, vai ficando mais tênue – esclareceu Silvia, com um sorriso.

– Para a criação destes equipamentos despoluidores bem complexos, segundo penso, você empregou elementos desconhecidos e tecnologia altamente sofisticada!?... – falou, muito interessada, quase num só fôlego, a única estagiária do grupo

– Maria – apressou-se Silvia em responder, após alguns segundos de meditação –, a sabedoria não está na criação de sistemas mais complexos, e sim na utilização dos recursos disponíveis. Muitas vezes a solução de problemas está na simplicidade das coisas – e continuou. – O processo criado baseia-se na construção de equipamento cujas características lembram a bobina inventada no século dezenove de nossa era e depois largamente utilizada nos veículos do século vinte com motores à explosão, quando era abundante o combustível líquido oriundo dos naturais depósitos subterrâneos do planeta, o petróleo, ou extraídos de vegetais, o biocombustível. No *écran* energético apareceram o sistema de extração do petróleo, de seu beneficiamento, as primeiras máquinas automotoras e, em destaque, os gazes dos escapamentos dos motores acumulando-se na atmosfera desde aquela época. E, finalmente, surgiu a fotografia de Tesla, o inventor da bobina de auto–indução.

– Johann!... Mobuto!... Por que estão calados? Ainda não ouvi suas vozes!...

– Silvia – Mobuto, o mais velho de todos, quebrou seu silêncio –, estou não somente encantado com tudo o que ouvimos e ainda estamos vendo, mas perplexo ao saber que nossos pesares de hoje tiveram sua origem na inconsequência de nossos antepassados.

– Engana-se, Mobuto – exclamou Silvia. – Nossos antecessores fizeram o melhor, em sua época, dentro dos seus níveis de conhecimento, de moralidade e, sobretudo, de suas possibilidades, do mesmo modo que, hoje, buscando corrigir os nossos erros, como humanidade, estamos fazendo o melhor para o futuro! – considerou Silvia com segurança.

– No entanto, Silvia – expressou-se Johann –, percebo que no mundo não há qualquer expressão de esperança no semblante das pessoas, com relação ao futuro. Percebo haver certa conformação com o presente, apenas presente e...

– E – interrompeu Silvia com delicadeza – vocês são as esperanças vivas que farão o efeito multiplicador das promissoras potencialidades do futuro. Acreditem que, no fundo de cada consciência aparentemente descrente, neutra e apática, há um móvel em estado de crisálida para vir à luz no momento oportuno. Há uma energia latente semelhante àquela que transforma a semente da escuridão do solo para as glórias da claridade solar e transmuda a flor em fruto, originada da mesma fonte geradora que determinou, há milhões de anos, a partir da massa incandescente inicial, o surgimento do terceiro planeta da família solar, na progressão de um perfeito determinismo, onde a mesma semente tem vida.

Silvia calou-se emocionada e um respeitoso silêncio se fez na sala. Parecia que misteriosa e invisível luz tinha-lhe nimbado o semblante agora mais bonito. Sorriu com simplicidade e acrescentou: – Podemos terminar, por agora?

– Falta falar sobre a obtenção da água, Silvia –acrescentou Alex.

– Muito bem. A obtenção da água purificada também é simples. Deve-se unicamente à ozonização provocada pelas descargas do mesmo sistema de Tesla. As únicas sofisticações resultam da miniaturização dos componentes e do rápido processo de captação antes que se poluam novamente.

Sem miniaturização, as bobinas de auto-indução para descargas tão potentes como as que empregamos ocupariam metade da B-III, se houvesse fiação suficiente e equipamentos gigantescos para montá-las; e se tal fabricação houvesse iniciado quando vocês nasceram, elas ainda não estariam concluídas! – todos riram satisfeitos.

As imagens desapareceram, a tela apagou-se e Silvia despediu-se beijando a cada um, retirando-se logo em seguida.

5. Visitantes Interativos

Passaram-se alguns dias desde aquela tarde em que Bjorn entregara-se à meditação.

– Bjorn!... Bjorn!... – a voz insistia em chamar por ele. Bjorn despertou e viu que seu comunicador estava ligado e a imagem de Tracy, seu amigo e colega de pesquisas, ocupava sorridente uma pequena parte da grande tela em que se transformara a parede de sua sala.

– O que há, meu velho? Ainda dormindo?!...

– Por que você me acorda a esta hora da manhã? – respondeu Bjorn, sonolento.

– Desperta de uma vez, meu camarada, há novas no ar!... – falava Tracy com entusiasmos.

– O que está acontecendo de tão importante assim?

– Vá, Bjorn, acabe de acordar, lave o rosto!... Vejo daqui que seu lanche está preparado. A cafeteira está apitando e o processador de alimentos pisca sem parar!...

O cientista levantou-se completamente desperto, iniciou seu desjejum enquanto Tracy esperava pacientemente.

– Bjorn, vou transferir e colocar a imagem mundial no quadrante esquerdo. O noticiário iniciou e seu filho Alex vai dar uma entrevista daqui a dois minutos. Enquanto isso, responda-me, você notou algum fato inusitado, dias atrás, alguma ocorrência diferente, à noite? Procure lembrar-se, pois as boas novas estão aí!...

Bjorn fez um leve esforço de memória e respondeu titubeante:

– A única coisa que notei foi... pareceu-me ver algum brilho ou vagas cintilações nas estrelas que sempre mostram-se difusas ou opacas!...

– É isso, meu velho. Após tantos anos de pesquisa e trabalho o processo de despoluição parece apresentar resultados positivos. O pessoal da B-III, onde seu filho estagia, parece estar com a razão e foi autorizada uma entrevista em rede mundial com o Alex, por ser o estagiário mais avançado e conhecedor do assunto. A Federação Europeia liberou as imagens para todo o planeta e para as estações na Lua e em Marte

Bjorn na sala e Tracy na tela emocionaram-se ao ver aquele jovem alegre, desenvolto e inteligente discorrer com elegância sobre as perguntas que lhe eram dirigidas.

"Se sua mãe estivesse aqui e não houvesse partido para sempre, sentiria orgulho de você, meu filho, como eu sinto agora!..." – pensou Bjorn.

Encerrado o noticiário, o telão dividiu-se em quatro quadrantes iguais, sendo que o da esquerda ficou ocupado por Tracy, em sua sala de estudos, e os dois quadrantes seguintes foram utilizados por mais dois dos seus amigos, em conversa interativa e animada.

– Por que não conversarmos por holoprojeção?... Será mais interessante!... – sugeriu Tracy.

– Está bem. Busquem suas poltronas e sintonizem na faixa quatro... – sugeriu Bjorn, acomodando-se em sua poltrona especial. Em seguida, comprimiu botão localizado no braço direito do assento e...

Dispostos num círculo de raio de três metros, vários pontos luminosos quais pequenas luminárias embutidas no teto, equidistantes, destacavam-se, guardando conveniente distância entre si. Ao comprimir o botão de sua poltrona, fino jato de luz alaranjado desceu sobre Bjorn e mais outros três projetaram-se até o chão; o mesmo ocorria, simultaneamente, na residência de Tracy e dos demais amigos, sentados em seus respectivos lugares. Os três raios luminosos expandiram-se em volume sob forma de poeira brilhante que, gradativamente, adensando-se, formaram as imagens virtuais, em 3D dos companheiros, aparentemente corporificados.

– Interação total!... – exclamou Tracy. – A maravilha da comunicação. Jamais deixo de admirar este processo: cada um em sua casa e visualmente reunido com os outros.

Pandiá, um dos três amigos recém-surgidos na sala, falou quase solene:

– Vocês sabiam que os *centros da filosofia da vida* espalhados por todo o mundo estão cada vez mais cheios para a discussão e debates sobre o assunto do momento? – e, ante as expressões de dúvidas dos demais, Pandiá continuou: – É fato. Cada um dos estagiários da B-III, inclusive Alex, está expondo raciocínios novos em torno do tema "As razões da vida", um em cada continente. E isto está provocando as reações mais díspares!...

– Parece-me, Bjorn – introduziu-se Alan, na conversa–, que a população daqui pleiteou ao administrador amplo debate no salão da Magna

Academia, e penso que você deve comparecer, pois, não sei por quais coincidências, as questões mais dinâmicas são semelhantes àquelas que você tem exposto, ultimamente, para nós.

"Disse-me o administrador que, se o pleito for formalizado, ele criará um grupo de trabalho para estudar o assunto e que eu estarei na coordenação. Se isto acontecer peço-lhe que aceite a indicação de seu nome para debatedor."

– Não recusarei um pedido seu, Alan, além do mais o assunto é de meu interesse.

A conversa interativa prolongou-se por mais de uma hora, sobre os mais variados assuntos de interesse dos quatro amigos, até que fosse desfeita a rede interativa a fim de cada um fosse cuidar de seus próprios compromissos.

Naquela noite, Bjorn não conseguia conciliar o sono e, em dado momento, desconhecido e inabitual torpor invadiu-lhe os membros e depois todo o corpo, sem, no entanto, perder a consciência. Permanecia lúcido. Assim viu formar-se à sua frente uma espécie de névoa translúcida e, no meio dela, corporificar-se um homem. Os cabelos brancos e a fisionomia denotavam-lhe aproximadamente setenta anos, apesar da vivacidade dos olhos e da jovial feição. Trajava-se com simplicidade, mas com bom gosto, trazendo pendurada ao pescoço uma pequena esfera de perfeito polimento sustentada por fina corrente.

Ainda sob o impacto do inusitado, sentindo acionadas suas correntes mentais, deixou-se envolver, confiante, pelo suave magnetismo de bondade que se irradiava daquele ser.

Quando os padrões mentais de ambos estabilizaram-se em perfeita sintonia, Bjorn 'ouviu', no fundo de sua consciência, sem sons articulados vocalmente, as palavras daquele homem, o que lhes possibilitou o diálogo:

– Bjorn, aproxima-se o tempo de sua missão. Você a aceitou e foi preparado para exercer um importante papel na civilização hodierna.

– Que papel é esse?

– Você saberá com o tempo e esclareço que tudo tem a ver com suas inquietações e anseios. Em breve acontecerão outras visitas.

– Quem é você e de onde vem?

– Todas as respostas você as terá no tempo justo a fim de que o projeto no qual você está inserido não aborte, mas que tenha o sucesso ansiosamente esperado. Nadas receie! Contamos com sua inteligência, seu caráter e sua sintonia conosco. Tenha em mim um bom amigo e até breve!... – e a figura desapareceu tão surpreendentemente quanto surgiu.

Bjorn adormeceu, em seguida, e despertou, no dia seguinte, com uma sensação tão agradável, como nunca sentira em toda a sua vida, que imaginou ser a felicidade não encontrada pelos homens, por descuido, nos longos caminhos de sua história.

6. Querido Amigo

Silvia Steinberg saiu da sala de aula deixando os estagiários, que, em seguida, teriam outra atividade Alcançou a plataforma de transporte para dirigir-se aos seus aposentos, mas, no trajeto, registrou uma sensação estranha, em seu psiquismo, que aumentava de intensidade. Num impulso resolveu parar em frente à porta de acesso ao laboratório do Querido Amigo, que, ao contrário de outras vezes, achava-se entreaberta.

Movida pelo mesmo impulso, adentrou aquele ambiente composto por um pequeno no laboratório...

O ambiente estava envolvido por suave claridade, mas que permitia a tudo ver sem dificuldades. Em compridas mesas alinhavam-se vários aparelhos os quais ela jamais havia visto e, no fundo da sala, reclinado numa poltrona, o Querido Amigo. Achava-se profundamente adormecido, com respiração compassada. Olhos cerrados, fisionomia serena e no rosto a expressão de bondade e de quase inocência emolduras pelos cabelos e barba brancos. Mas quem era ele realmente? – pensou consigo mesma.

Lembrou-se, então, de que o conhecera há muitos anos. Era criança, ainda na Suíça. Brincava tranquilamente no que fora, outrora, um lindo e florido parque, em Berna. Em determinado momento pressentiu que era observada, fato que acontecera um sem número de vezes, naquele local. E, desta feita, virou-se lentamente e viu aquele homem a olhá-la demoradamente a certa distância. Não teve medo, porque era um olhar bom e que inspirava confiança. Então, muito decidida, caminhou na direção dele e lhe perguntou:

– Quem é você?

– Você não tem medo de mim? – inquiriu ele.

– Não, senhor, não tenho! – respondeu ela.

– Então – acrescentou – sou um amigo que lhe acompanha há muito tempo e sempre estive em seus sonhos.

– Mas eu nunca sonhei com você!

– Em seus sonhos você ouvia um voz amiga que sempre lhe dizia: Silvia, lembre-se de sua missão! Recorda-se?

– Agora me recordo, sim! – exclamou com vivo interesse.

– Eu era aquela voz...

– Mas que missão será essa? E o que eu devo fazer para cumpri-la?

– Ainda não é o momento. Por hora prepare-se bastante, estude com interesse e apreenda tudo o que puder... há tempo, bastante tempo!...

Os anos se passaram. Viu-o vezes sem conta, a estabelecer entre eles os mais fortes elos de amizade. Em sua conversa, ele lhe falava com entusiasmo e sabedoria sobre o céu e os astros, a unidade e harmonia universais como um concerto regido com maestria, a história e evolução das civilizações. Falava da importância e valor da vida e dos poderes infinitos que a alma pode desenvolver... E desde aquele tempo ela passou a chamá-lo de Querido Amigo.

Quando seus preceptores morreram, ela o aceitou como a um pai, que lhe deu as condições de estudo, de educação e cultura.

Enquanto todos o conheciam como Mestre, ela o chamava apenas por Querido Amigo e conhecia-lhe apenas um nome, Sophos, e nada mais.

Ali parada, percebeu que somente agora, depois de tantos anos, meditava sobre esse mistério. Quem seria e de onde teria vindo? Por que tanta dedicação e carinho? Olhou-o mais uma vez, enternecida, com extremo respeito e admiração. Ele era realmente um mestre e o mais querido dos amigos... E retirou-se com cuidado para não despertá-lo.

Durante algumas horas da tarde, destinadas ao descanso, ocupou-se em procurar dados a respeito do Mestre. Dois pensamentos dominavam-lhe a mente: "quem era ele? Por que a presença em sua vida?" E concluía: "...deve haver algum registro em B-III."

Dirigindo-se ao processador pessoal, ligou-o por comando de voz e inseriu, também por voz, a palavra "Mestre" e, em seguida, "Procurar".

Imediatamente surgiu apenas a fotografia ocupando todo o espaço da tela. E Silvia acrescentou: "Dados pessoais". Superpondo-se à imagem, surgiu:

> Dados Pessoais:
>
> – Idade: 70 anos.
>
> – Altura: 1,78 m.

– Peso: 85 kg.
– Saúde: perfeita.
– Olhos: castanhos claros.
– Pele: branca.
– Biótipo: indefinido.
– Sinais característicos: nenhum.
– Impressão digital: não caracterizada.
– Impressão de código genético: 3 HF 452 (da classificação geral).
– Função na B-III: supervisor-geral.
– Processo de admissão: prerrogativa do administrador (tempo indeterminado).
– Formação: bioengenharia; bioenergética; exobiologia; engenharia de plasma; ciências psíquicas.
Observações: projeto, implantação, definição de objetivos e prioridades da B-III.

"É espantoso!" – pensou ela admirada – "ninguém pode acumular tanto conhecimento assim, numa vida!..."

– Nome! – comandou novamente.

– Mestre – apareceu na tela.

– Pré-nome!

– Mestre.

– Sobrenome!

– Mestre...

E a resposta era sempre a mesma: Mestre.

– Prosseguir! – comandou Silvia e novos dados surgiram:

– Data de nascimento: ano de 2.340.
– Local: Confederação Européia.
– Estado: possivelmente Grécia.
– Ascendentes familiares: sem registro.
– Outros familiares: não há registros.
Nota – em caso de morte, avisar a Silvia Steinberg, como herdeira universal.

"O mistério continua!..." – pensou ela, e inseriu o nome que lhe era conhecido: – Sophos! – e a resposta não se fez esperar:

Sábio da antiguidade clássica, filósofo e geômetra, astrônomo e hermeneuta, contemporâneo e amigo de Sócrates. Por sua humildade, não se deixou divulgar para que brilhassem mais os talentos e a sabedoria do grande sábio a quem considerava o maior de todos os tempos. Conhecia vários idiomas, além do grego e, dentre eles, o copta e a escrita egípcia.

Mesmo evitando quaisquer escritos sobre si, Platão, discípulo de Sócrates, fez, secretamente, alguns registros a respeito dele, somente descobertos no século 22 d.C. Sua filosofia de ordem espiritualista, semelhante à de Sócrates, previa que todo elemento material teria uma contraparte não material e que, especificamente no ser humano, sobrevive à morte do corpo. Sendo origem e matriz, esta contraparte transfere a um novo corpo, durante e após à fecundação, os valores, os defeitos físicos e morais adquiridos e arquivados de vidas precedentes com a finalidade de restabelecer a ordem e a harmonia para compatibilizar-se com toda a ordem existente no universo, mantendo, assim, o programa de evolução cósmica.

Silvia estava aturdida. Conhecia-o tão bem e nada sabia sobre ele. Levantou-se, deu alguns passos pelo aposento, parou e voltou ao processador. Tocou em alguns comandos na tela e entrou na conexão mundial através de um sistema em rede intercontinental unificador das cinco confederações da Terra. Quando na tela apareceu "Conexão aberta", o aparelho reconheceu sua voz e imediatamente respondeu à sua expressão: – Sophos!

SOPHOS: Ano 2.000/2.035 – 1º registro oficial

Cientista que se destacou em biologia e exobiologia. Consta que tenha nascido na França. Recebeu prêmio Nobel de bioquímica pelos trabalhos a respeito de "Alterações do metabolismo humano sob a influência da poluição" e "Degradação do organismo humano sob a ação de agente poluidores no globo".

SOPHOS: Ano 2.040/2.110

Astrofísico e engenheiro espacial, formado também em química, aprofundou as pesquisas em torno do estado de plasma para aplicação dos conhecimentos em possíveis processos de propulsão para naves espaciais. Nasceu e viveu na antiga região da América do Norte.

SOPHOS: Ano 2.115/2.185

Homem do povo sem nenhuma formação acadêmica, mas dotado de excepcional inteligência. Muito simples, viajou por todo o mundo a convite de organizações não oficiais e de movimentos comunitários, revolucionando a opinião pública quanto às reformas sociais a partir de cada indivíduo, pregando, assim, a solidariedade entre as criaturas como único fator de sobrevivência da raça humana. Consta que conhecia, também, bioquímica, exobiologia, astrofísica, engenharia espacial e astronomia.

Sociólogo e psicólogo de massas, foi assassinado em 2.185 por grupos econômicos extremistas responsáveis pela exploração do povo e de sua ignorância. Conhecia seus assassinos e, apesar de ferido mortalmente mas com plena consciência, recusou-se a denunciá-los, informando que os perdoava por sua ignorância. Acrescentou que eles próprios já estavam se castigando. Sabe-se que meses depois um deles entregou-se à polícia desesperado de remorsos, um segundo cometeu suicídio e um terceiro dilapidou todo o seu patrimônio.
SOPHOS: Ano 2.190/2.260
Grande orador, filólogo e conhecedor de vários idiomas e dialetos, especialista em comunicação humana. Em contato com proeminente estado da Confederação Sul Americana, onde passou grande temporada em estudos, desenvolveu, em larga escala, poderes psíquicos tais como visão à distância, premonição, deslocamento no espaço de objetos e do próprio corpo, telepatia e psicometria. Não se sabe como morreu, pois foi dado como desaparecido em 2.260.
SOPHOS: Ano 2.265/2.335
Nascido na Confederação Sul Americana, destacou-se como orientador espiritual de massas, detentor de largas possibilidades dos chamados poderes psíquicos. Homem de grande bondade, cativante por sua simplicidade, não se filiou a qualquer tipo de seita ou religião nem criou sistema filosófico específico, no entanto, conduziu-se na vida como cristão com postura nitidamente voltada para as idéias espíritas surgidas no século 19, na França. Apesar de não se interessar em agrupar pessoas em torno de si ou de seus ideais, possui milhares de seguidores em várias partes do mundo.
Dominava várias áreas do conhecimento humano e afirmava que todos tendem para a unidade sem perderem a individualidade. Profetizou o estado físico e psicológico da Terra, na atualidade, reafirmando que o mundo, nos séculos seguintes, passaria por consideráveis transformações, em termos de vida e moralidade, não por influência de quaisquer líderes, mas por decisão coletiva da humanidade premida pela necessidade de urgentes soluções de seus problemas mais cruciais. Considerou que as soluções seriam encontradas através do bom senso desenvolvido com base nas grandes descobertas a respeito das verdadeiras interpretações dos textos das religiões, extirpados os elementos oriundos da vaidade e do interesse humanos e extraída a essência mais profunda da verdade à luz da ciência da razão.
SOPHOS: Ano 2.340
Data de nascimento: ....

Silvia insistiu teclando mais uma vez:

Filiação: sem registro
Parentesco direto: sem registro
Outros de sua relação:

Passaram-se alguns segundos de procura na memória do processador e, após um curto 'bip', a tela encheu-se de texto e diante de cada período uma fotografia em tamanho padronizado:

Ano 2.020 – Sophine: – esposa – especialista em metodologia da pesquisa científica.
Ano: 2.060 – Samantha – colaboradora eficaz – formada em ciência da computação e administração de projetos de nível 3.
Ano: 2.135 – Suheine – colaboradora e seguidora de seus ideais – companheira de trabalho, muito discriminada por ser de raça negra – morta em conflito entre movimento popular e polícia.
Ano: 2.210 – Suleima – poliglota – tradutora direta, revisora e organizadora de suas obras literárias e científicas.
Ano: 2.285 – Silvana – filha adotiva – dotada de excelente paranormalidade foi de inestimável valor e de recursos parapsíquicos que lhe serviram aos projetos de pesquisas – amiga incomparável e de profunda dedicação.
Ano: 2.380 – Silvia Steinberg...

Na tela do monitor surgiu a sua fotografia e todos os dados a seu respeito.

Silvia ficou paralisada sem conseguir uma definição de sentimentos, um misto de estupefação com emoção. E pensava consigo mesma: "Há algo mais, o que será?... Algo desconhecido e desconcertante.

"Sim, é isto mesmo, uma regularidade matemática nas datas. Cada um dos Sophos viveu, em cada época, durante setenta e cinco anos à exceção do primeiro registro que lhe dão trinta e cinco anos de vida, isto é, a metade dos demais. Os intervalos de cinco anos entre a morte de um e o nascimento do outro, mantém espantosa regularidade. Há, também, regularidade nos registros das origens, não há informações a respeito de parentes... e mais, todas as companhias, em diversas épocas, tem seu aparecimento quando ele atingira vinte anos, à exceção de quando eu nasci, que, pelas datas, ele contava o dobro de idades registradas anteriormente... Sim, é tudo muito estranho, todas, invariavelmente, tem seus nomes iniciados por 'S', constituíram-se em nobres colaboradoras, sempre intelectualizadas, de pensamento voltado para o bem da humanidade, o trabalho de um relacionado ao do outro. Profundo humanismo e estreita relação com o lado psíquico da vida. E é curioso que há traços de semelhança em todas as fotografias, principalmente no olhar.

"E agora, 'querido amigo' Sophos, você é a somatória de todos os outros?... e eu com dois 'S' nos nomes. Como explicar?!...

"Para mim é um pai inigualável... Para ele sou a filha amada... nosso trabalho tão grandioso e tão gratificante! E..."

E Silvia não se conteve, deixando desabar o dique da emoção e as lágrimas jorraram, com liberdade, pelas faces. Enquanto entregava-se à emoção, alguém lhe tocou delicadamente nos ombros e ela virou-se para ver:

– É você, Querido Amigo!... – e tentou com as costas da mão enxugar os olhos e o rosto molhado.

– Sim, filha! – exclamou ele – Este é o momento que eu aguardava para conversarmos e tecermos alguns esclarecimentos.

E Silvia, após abraçá-lo, convidou-o a sentar-se. Ele aquiesceu e iniciou seu relato.

– Vimos juntos, Silvia, por muitos séculos, em sequência de vidas, adquirindo forças e conhecimentos, sabedoria e humildade para voos mais longos e mais altos, como as aves de arribação em ilhotas, no meio do oceano, antes de chegarem ao seu destino. Não para nosso diletantismo ou orgulho do nosso saber, mas pela honra de servirmos a planos mais elevados da vida, responsáveis pela ordem social e progresso da Terra.

"Venho, pelo tempo afora, nascendo em lares obscuros e sem expressão, ou sob a marca da indigência, a fim de que as nobrezas das origens e dos nomes de famílias, sempre motivo de orgulho das tradições humanas, não me pesassem nos atavismos psíquicos e aprendesse o significado real de humildade e exercitasse o esforço de vencer sem apoios outros que não os que medeiam entre minha capacidade e minhas limitações... Entretanto, Silvia, as inteligências invisíveis de ordem superior que monitoram e programam o processo evolutivo da humanidade colocaram-na como anjo tutelar, sem o que, sozinho, não teria condições de superar a mim mesmo, e depositam grandes esperanças em nossa presença para ajudar a humanidade a encontrar os verdadeiros caminhos da felicidade, dentro do que nos compete realizar, assim como tantos outros, em grupos, noutras partes do mundo. Há muito que fazer!..."

Aproveitando-se de uma pausa mais longa de seu interlocutor, Silvia interveio de olhos úmidos:

– E o que podemos fazer, Querido Amigo, se somos tão poucos?... E, veja as condições em que o mundo se acha: a desesperança, a apatia, a falta de importância da vida!... É verdade que há um esforço conjunto, talvez atávico, da preservação e continuidade desta mesma vida, mas não há, em termos gerais, um sentimento de perspectivas mais amplas. E vive-se por viver. Um cansaço letal parece dominar!...

– Esta é a aparência de superfície, querida filha, o que ocorre é uma espécie de repouso temporário das fadigas dos séculos. A estagnação é aparente. Assim como a borboleta que, liberta e feliz, esteve durante algum tempo dormitando no ovo gelatinoso; agitando-se, voraz, na larva rastejante; repousando na crisálida prisioneira de algum galho; a humanidade tem, no seu âmago, a chama da vida oculta no calor da pequena brasa conservada, imortal, no seu seio. Uma brisa leve, um sopro mais forte, uma agitação mais além, há de transformá-la no fogo sagrado da alegria de viver. Então, neste dia, cumprir-se-ão as afirmativas do profeta de Patmos: "Eu vi surgir um novo céu e uma nova Terra."

Sophos parecia transfigurado. Fez longa pausa e continuou:

– Fomos chamados a representar o papel da brisa da manhã, suave por enquanto, mas não somos os únicos. Faremos com que o sopro faça o efeito multiplicador, como numa reação nuclear, em cadeia, e em pouco tempo teremos um incêndio de vastas proporções, mas sem chamas, ardor ou destruição, porém de luzes de compreensão, calor de vida e vibração de amor...

Há grandes perspectivas de renovação da humanidade, mas ainda há muitas chagas abertas, por toda parte que precisam ser cicatrizadas. Não basta apelar para o sentimentalismo falso com vãs promessas de paz ou de mágica salvação. É preciso trabalhar o sentimento latente da esperança, oculta pelo medo da decepção e da continuada frustração que perdurou por milênios, e associá-la à razão, a fim de que se conquiste a certeza e a fé.

Silvia, empolgada com as palavras do Querido Amigo, tinha os olhos brilhantes, sem se refazer da emoção de antes.

– Em breve – continuou – outros somarão seus esforços aos nossos; estão prontos mas ainda não sabem disso. É preciso despertá-los. Vem comigo, é necessário recordar-se!

Sophos segurou-a pelos ombros, ajudando-a erguer-se e conduziu-a ao laboratório, acomodando-a numa confortável poltrona. Após acariciar-lhe o rosto, posou, levemente, sua destra na cabeça da jovem e falou-lhe com serenidade:

– Esqueça-se de si mesma, neste momento, para recordar. Recorde, Silvia!... Recorde, Silvia!...

E Silvia lentamente adormeceu, entrando em profundo transe sonambúlico, ressonando compassadamente.

7. O Debate

Bjorn fez o seu desjejum composto por frutas e uma farinácea adicionada de mel de abelhas, tudo cultivado em biosferas.

Sentia-se bem disposto e, acionando o controle remoto, por comando de voz, ligou o intercomunicador. Logo que a tela se iluminou, novamente comandou:

– Tracy!... Pandiá!... Alan!...

À medida que o aparelho reconhecia os padrões sonoros de voz, estabelecia imediata ligação com os intercomunicadores de seus amigos, que, automaticamente, surgiam em quadros distintos, cada qual em sua residência. Tracy foi o primeiro a falar:

– Acordou cedo, meu velho?!...

– Acordei, amigos... Acordei!

– Bom-dia, Bjorn!... – falaram quase que simultaneamente Pandiá e Alan.

– Bom-dia, amigos! Vocês estão lembrados do debate na Magna Academia? Estou ansioso por vê-lo – respondeu Bjorn.

– Vamos até lá, pois agora, pela manhã, haverão os preparativos iniciais.

– Aguardem-me, porque os apanharei em suas casas, meu veículo é mais espaçoso e nos cabe os quatro... – adiantou-se, Bjorn.

Despediram-se e imediatamente a tela desligou-se. Em poucos minutos estavam deslizando em direção à Magna Academia de Ciências.

O edifício era imponente, majestoso e de grande beleza visual. Constituído por imenso bloco suspenso a sete metros do chão era sustentado por quatro arcos circulares equidistantes, dentro dos quais achava-se inserido em toda a sua extensão. Todo o aspecto maciço das linhas rígidas adquirem leveza visual pelo envidraçamento, em todo o seu perímetro, e pelos arcos circulares dentro dos quais os elevadores panorâmicos circulam, em sentido anti-horário, desde o térreo, parando nas laterais de acesso, continuando por cima do prédio e retornando ao solo pelo lado oposto, numa sucessão contínua.

Além do auditório principal, vinte auditórios menores e uma infinidade de salas-seminários de apoio logístico e as que atendem a especificidades científicas completam o arcabouço arquitetônico. A perfeição do sistema de distribuição sonora apoiava-se na irradiação de ondas pelo auditório captadas por microssensores modulados, estrategicamente distribuídos no ambiente. Em virtude da extensão do auditório, os planejadores arquitetônicos tiveram o cuidado de instalar, na parte posterior do encosto de cada poltrona, um monitor para visualização integral ou parcial do palco elevado, regulado segundo a vontade de cada um.

Os quatro amigos adentraram o edifício e tomaram assentos no auditório próximos à uma das saídas laterais.

– Observem! – falou Bjorn, aproveitando-se do momento que antecedia à sessão. – Todos aqui, creio, acham-se mais por educação e curiosidade do que por interesse. Não vale à pena esforçar-se por tão pouco.

– Não concordo! – retrucou Pandiá. – Acredito que o momento é de grande relevância. O desdém que apresentam ou a impassividade das fisionomias não passam de máscaras. Há quanto tempo este auditório, o maior e o mais bem aparelhado do estado, não fica totalmente repleto? Ouvi comentários, há pouco, de que os auditórios menores equipados com monitores estão completos e muitos já procuram as salas de apoio.

– Liguem seus monitores e vejam a 'externa' – interrompeu Alan. – A praça da Academia está tomada e todos os macrovisores estão ligados!... Nunca vi coisa igual!

Às nove horas da manhã o administrador assumiu a tribuna, no palco, e explicou:

– Senhoras, senhores, bom-dia. Estamos aqui para complementar o atendimento à proposta popular, que resultou da solicitação de noventa e cinco por cento da população, conforme registro de nossa central de atendimento popular para a discussão do tema do momento: "*A razão da vida*".

"Hoje contaremos com dois expositores: à minha direita o brilhante jovem estagiário da Biosfera III, Alex Bjorn, que se vem destacando em pesquisas de grande porte, sob a orientação da notável e mundialmente conhecida dra. Silvia Steinberg. Teremos, também, à minha esquerda, o dr. Falcon, notável pelos seus projetos e trabalhos sobre "Proteção e recuperação da camada de ozônio" e "Detecção de raios cósmicos".

"Cada um dos oradores terá trinta minutos para sua exposição e, decorrido esse tempo, serão dados mais vinte minutos para as contestações de parte a parte. Nesta etapa não haverá participação do público, que poderá manifestar-se, posteriormente."

O administrador fez ligeira pausa e prosseguiu:

– Os senhores do auditório tem, à sua frente, um monitor para acompanhar toda a sessão. Caso desejem gravar, basta inserir o dispositivo de gravação na fenda logo abaixo, com opção para o registro durante ou após à sessão. A memória não será apagada. Haverá, também, o processo de transcodificação direta e, se o preferirem, podem extrair, por escrito, o conteúdo do evento, parcialmente em qualquer instante ou totalmente ao final do mesmo.

Bjorn, orgulhoso e feliz, olhava seu filho em posição de destaque, no palco, e pensava que não foram em vão seus esforços, no sentido de educá-lo. Mas, em meio a estes pensamentos, não lhe saía da lembrança aquela visão noturna; aquilo o intrigava, sobremaneira. Estava assim a cismar quando ouviu o moderador da sessão falar o nome de seu filho, concedendo-lhe a palavra.

Alex perpassou o olhar por toda a assembléia e falou com segurança e humildade:

– Agradeço a confiança que em mim depositam e apresso-me em esclarecer que ainda estou distanciado dos méritos a mim atribuídos. As conquistas que hoje detenho resultam não apenas de meu interesse e esforço pessoal, mas, preponderantemente, da paciência, capacidade, inteligência, dedicação e amor da dra. Silvia Steinberg.

Todo o auditório, impressionantemente, rompeu em aplausos ao ouvir o nome de Silvia.

– É extraordinário! – exclamou Bjorn. – Não sabia que essa doutora era tão popular! Estou impressionado!... Realmente impressionado! Eu já ouvira falar dela apenas nos meios acadêmicos.

– Você não sabe, Bjorn – apressou-se Alan –, mas a dra. Silvia fez amigos no mundo inteiro. Sua especialidade em pesquisas sobre lençóis hídricos mais profundos, e sua utilização...

– Mas por que essa popularidade? – questionou Bjorn, interrompendo Alan.

– A dra. Silvia estuda e analisa os mananciais das grandes profundidades – esclareceu Pandiá –, verifica sua portabilidade e, inventivamente, elabora processos que exigem complexidade por não poder extrair amostras a fim de preservá-los de contaminação. Os lençóis mais próximos da superfície quase sempre apresentam variados índices de contaminação. E, além disto, ela cria os mais incríveis meios de conduzi-los, o mais próximo possível, aos meios urbanos, de acordo com as condições geomorfológicas encontradas. Tudo é de baixo custo, sem perder a qualidade, e seu carisma é tão grande que leva a população a participar integralmente. Já atendeu, gratuitamente, a centenas de regiões, principalmente aquelas que encontram dificuldades quanto a recursos materiais.

– Mais extraordinário, Bjorn, é a sua idade: apenas vinte e cinco anos!

Pandiá iria prosseguir, mas Bjorn o interrompeu:

– Silêncio amigos, Alex vai continuar!

– Até o século 21, as religiões tiveram grande hegemonia e domínio sobre o ser humano – apesar da grande separação da ciência, que auferiu foros de cidadania no século 19 –, aproveitando-se de sua ignorância e seu sentimento, mantendo-o, assim, em nítida atitude de exploração, aturdindo-o com a idéia de uma condenação eterna ou iludindo-o com promessas de uma boa posição social, na vida que prosseguiria, no Paraíso, após a morte.

"Os avanços científicos, porém, a falência dos dogmas, a exploração econômica e a postura circense de algumas confissões religiosas acabaram por sufocar a crença, de um modo geral. Há que convir, contudo, que, apesar desses males, o sentimento de religiosidade, cultivado e estimulado no Ocidente por mais de vinte séculos, manteve acesos, no coração humano o ânimo, a coragem, a esperança... e, por que não dizer, a fé?

"As promessas, embora ilusórias, permitiram ao homem sonhar com uma vida melhor e coibir, até certo ponto, seus impulsos primitivos, sua tendência à irracionalidade.

"O aumento da criminalidade no mundo do século 20 e a exploração dos sentidos até a exaustão foram parâmetros indicadores de que o medo ao desconhecido depois da morte havia sido substituído pela indiferença de alguns, pela descrença total ou por conveniência de outros, associadas à ganância desmedida.

"Hoje, em quase todo o mundo, os *centros de filosofia da vida*, sem dogmas ou fantasias, sem ritos e fanatismos ou mistérios ocultos, isentos de 'doutores da lei' e pseudointérpretes ou representantes diplomados do pensamento divino, buscam resgatar, dentro de um sistema de racionalidade científica, com honestidade de propósitos, numa atitude cristalina e aberta, os valores e a lógica da vida.

"Trabalhando, arduamente, na pesquisas das verdades contidas na história, eliminando os acessórios inúteis, recompondo as preciosidades intencionalmente desprezadas nos conhecidos 'livros sagrados' que nortearam a vida de tantos povos e raças, comparando os elementos de íntima relação entre eles, descobre-se que parecem provir de uma única Fonte. E essa Fonte é definida como essencialmente vida, mantenedora da vida e que foi capaz de instalar-se na consciência do homem, como um código e diretriz de toda a sua evolução, antecedendo, até, à formação da primeira célula. Digo, antecedendo, ao considerar que, para codificar o ser unicelular, essa fonte teria que anteceder a ele, e essa vida essencial precederia, também, ao mineral, sem o que não haveria coesão sua em sua estrutura intra-atômica. Estabelecendo a reengenharia de análise e exegese dos textos, de passo em passo, à luz dos conhecimentos alcançados por nossa humanidade até onde ela pode chegar, concluiu que essa Fonte essencial é única, antecede a tudo, tem vontade, diretriz criadora e não há adjetivos para classificar-lhe a inteligência.

"As livres discussões nestes centros, numa espécie de prospecção da psicologia dos povos, de todos os tempos, desde o medo primitivo do desconhecido aos anseios mais elevados da crença numa única entidade criadora isenta do antropomorfismo, levam a descortinar para a humanidade um horizonte promissor apoiado em todas as razões da vida...

"Assim, há um novo despertar, uma euforia que começa a coletivizar-se, novo fator psicológico, no entanto, de condições opostas às dos séculos precedentes, levantando no coração e na alma dos homens, tão apáticos e ausentados dos valores acima dos pensamentos puramente científicos, uma nova busca para as razões de viver.

"Quero-lhes afirmar que não sou adepto nem representante dos *centros de filosofia da vida* nem estou aqui para propaganda de seus postulados nem proselitismo. Interessa-me, apenas, a verdade, cuja busca tem sido trabalhada unicamente por estas instituições, e o profundo desejo de que a vida tenha para cada um significado maior que 'viver e deixar viver'."

Alex falava com sinceridade e causava profunda impressão na platéia que o ouvia em absoluto silêncio.

– A humanidade, senhores, na atualidade – prosseguiu, Alex –, sofre as dolorosas consequências de seus desatinos seculares para com a própria vida, comprometendo quase que definitivamente a vida planetária. A par dos profundos avanços da ciência e da tecnologia que possibilitaram a sobrevida de, pelo menos, um terço da população mundial e permitiram a preservação de raras vegetações hoje multiplicadas por hidroponia nos módulos das biosferas, a lassidão espiritual, o esvaziamento mental quanto a propósitos e perspectivas para o futuro são a tônica comum, e com isto a falta de alegria e a ausência da felicidade. Não desejamos uma humanidade viva de corpo e quase morta de alma. Este é o momento para fazê-la renascer para não perecer, em definitivo.

"Obrigado, senhores!"

Alex encerrou debaixo de prolongados aplausos. Quando a platéia silenciou e acomodou-se, o administrador passou a palavra ao dr. Falcon.

Em tom irônico, tentando captar a simpatia do público, já que não possuía a espontaneidade do Alex, mas sabendo utilizar-se dos recursos da inflexão de voz e da gesticulação muito bem estudada, dr. Falcon expressou-se:

– Prezados e queridos amigos! Nos meus sessenta e cinco anos de existência, folgo em ouvir a veemência, perceber o vigor, registrar a impulsividade e o calor do coração jovem, sentir a força que lhe circula nas veias e quase registrar as explosões dos impulsos elétricos em suas sinapses e a multifrequência de seus neurônios ao produzirem o jogo de raciocínio para o desenvolvimento de uma idéia muito bem engendrada a fim de ser convincente.

"Inútil esforço!... Creio firmemente que a juventude, operosa mas sempre impulsiva e à procura de novidades a fim de justificar seus ardores, é presa fácil de falsos idealistas que, na hodiernidade, pretendem renasça o domínio religioso junto ao estado para reviver uma hegemonia perdida. Quero alertar, e justifico este alerta, para os terríveis danos que certas idéias podem causar ao ser humano. Não caiam nesse engodo! É preferível conservar a relativa estabilidade emocional humana e manter este estado de coisas. Considero um perigo o levantamento destas questões. Vejam bem, senhores, quaisquer justificativas para a razão de viver são puramente subjetivas e especulativas!

"A destruição é um fato natural, desde a origem da vida e convive com a permanente reconstrução, uma não vive sem a outra.

"A vida surgiu com os primeiros aminoácidos oriundos das descargas elétricas sobre os gases da atmosfera pesada e nos fragmentos meteóricos que, nos primórdios dos tempos, bombardearam o planeta Terra. Fortuitamente, por conjunções físico-químicas, submetida a determinadas condições de temperatura e pressão, surgiu a mônada primeira. A partir de então, surgem, concomitantemente, os processos de destruição para a conservação da vida. À necessidade de busca de alimento, aparecem os pseudópodos e a fagocitose passa a ser uma lei com regulamentação automática. Sobrevivem, nos pródromos do egoísmo, os mais rápidos e os mais fortes, a maior mobilidade de alguns indivíduos os livra de outros até mais vorazes que sem fonte energética para a sobrevida morrem de inanição ou são fatalmente destruídos por outrem. Este fator atávico vem a renovar-se nos seres mais complexos que viriam mais tarde, frutos das associações de valores conquistados, pela experiência. Os registros e as fixações genéticas de cada nova aquisição ou experiência repetida fazem-se por automatismo e o somatório de todo o acervo acumulado, de todas as heranças, resulta na eclosão da inteligência. E esta automação repetir-se-ia por todos os milênios, cumulativamente, até o momento presente, sem mudanças para o futuro, nos milênios subsequentes, até que, num determinado limite, esgotem-se todas as capacidades de armazenamento. Então tudo se acaba pelas mesmas razões pela quais tudo começou... nenhuma!

"Quero alertar – continuou o dr. Falcon com incrível vivacidade para os seus setenta e cinco anos, convicto de que suas observações eram arrasadoras – para a existência de instituições pseudossábias e camufladas por pseudociência, empregando alguns postulados da ciência oficial a fim de justificarem seus sofismas. E, mais, que essa tentativa de lavagem cerebral piegas e antiquada pretende reviver, em clima de domínio coletivo, o 'ópio das religiões' do passado para viverem à custa das leis, dos governos e, consequentemente, dos povos. Aceitar tal estigma é retrogradar, renunciar à racionalidade tão duramente conquistada em favor da ignorância e do fanatismo.

"Esta Magna Academia é a maior e mais importante formadora de opiniões do mundo e todos as inteligências mundiais, neste momento, estão cravadas nesta direção, então, finalmente, proponho que esta Assembléia se dissolva, de imediato, em virtude de um outro perigo que o ilustríssimo orador, como todo jovem inexperiente, não percebeu ainda. Se forem definidas as razões da vida, neste seminário, desaparecerão completamente as expectativas do futuro. Se o futuro ficar a descoberto, uma nuança que seja, ele perde a razão de ser e o colapso global abater-se-á sobre a humanidade.

"Vejam só, senhores, quantos se acotovelam, neste instante, em várias partes do mundo, em busca de nada por terem sido condicionados, nestes últimos tempos, por esses tais *centros de filosofia da vida*, para um sonho vazio e inexistente.

"Se, por outro lado, definir-se que não há razões para a vida, e que todo o avanço alcançado não difere do nascimento dos pseudópodos ou cílios nos primeiros unicelulares, na proto-ameba, também estaremos à beira de um colapso geral, tão grande como na situação anterior.

"Concluindo, senhoras e senhores, deixemos que a vida siga seu curso e o identificado ostracismo mental e psicológico ditado pelas 'experientes observações' do ilustre e inflamado jovem que me antecedeu, trafegue, livremente, em cada consciência, e que cada um, como indivíduo, permaneça tranquilamente sem algemar-se a conceitos de outros ou de grupos intencionalmente alienadores.

"Fiquemos como estamos!

"É o que eu tinha a dizer!"

E o dr. Falcon encerrou sua oratória com empolgação, de forma teatralizada, enfatizando a sua expressividade com os braços abertos, permanecendo nesta posição para depois abaixá-los de uma só vez, arrancando, assim, intensos e prolongados aplausos do público. Ele sorriu satisfeito com expressão de vencedor.

Enquanto ovacionavam, Bjorn, visivelmente perplexo, acrescentou:

– Esse homem é louco! Pode-se não concordar, é verdade, mas levantar falso testemunho é crime! Conheço pessoas de fino trato, inteligentes que jamais se deixariam enganar e, sem nenhum fanatismo, participam do grupo de estudos do centro! Pessoas como o dr. Falcon querem notoriedade!...

– Calma, Bjorn, guarde sua revolta! Não se trata de notoriedade. O dr. Falcon é aquilo que realmente pensa. É culto, inteligente, sagaz, e o administrador foi sábio, muito sábio... – explicou Alan.

– Como? – respondeu Bjorn mais calmo.

– Não é por acaso que o administrador está na posição que ocupa, amigo, e tem-se empenhado com denodado amor pelo bem-estar da população. Não tem poupado esforços neste sentido. Você não desconhece que, quando assumiu a Governadoria, ele instalou uma central de recepção para as solicitações populares, com terminais até nas esquinas das ruas, através dos quais a população solicita e sugere. A central, em perfeito serviço de triagem, diária, semanal e mensalmente processa e lista as prioridades, por ordem de interesse e anseio da comunidade e automaticamente elimina o supérfluo. Deste modo ele permanece inteirado de todos os acontecimentos e ligado a pessoas das diversificadas áreas do conhecimento, da ciência, da tecnologia e do progresso. Criou um conselho consultivo ao qual submete seus projetos, composto por especialistas específicos para cada área de consulta, quando necessário, e tem vigência enquanto perdurar o tempo para análise e parecer.

"Ele reconhece, por exemplo, que o dr. Falcon representa o pensamento e o estado da população e, como um pai responsável pelo bem-estar de seus filhos, acha-se vivamente preocupado com o estado psicológico da população. Você não desconhece que, quando mais jovem, antes de ser o administrador, ele foi laureado na Magna Academia de Ciências pelos seus trabalhos sobre psicologia de massas. Investido da condição de administrador, identificou algo mais sério do que uma simples apatia ou desesperança coletiva. Suas pesquisas levaram-no a concluir pela existência de um processo degenerativo das emoções e o aniquilamento progressivo da vontade, embora lento, mas caminhando para negros prognósticos.

"Montado o conselho consultivo para dar parecer sobre sua pesquisa, nesta área, com projeto de ação, este deu parecer favorável de forma unânime, confirmando assim suas apreensões.

"Sabe ele que é impossível o estabelecimento de um estado permanente de inércia ou apatia e que, nestes casos, as tendências determinam o aniquilamento coletivo por inanição psíquica, pela falta de vontade de viver. Sob outro aspecto, busca-se, coletivamente, o descontrolado aproveitamento de tudo, de todos os recursos disponíveis, sejam alimentares, a exacerbação dos prazeres físicos e de todos os tipos de sensações para o adormecimento da consciência e o entorpecimento dos sentidos, conduzindo, fatalmente, para o desvalor da vida e, consequentemente, ao crime e à violência.

"O administrador detectou que, no momento, a humanidade tende inexoravelmente para o primeiro caso, mas que, na continuidade, pode-se transformar no segundo caso."

– O que você quer dizer com tudo isso, Alan? – interrompeu Bjorn, muito interessado.

– Quero dizer, meu amigo, que o administrador sabe que o dr. Falcon é uma espécie de representante legítimo, sem qualquer outorga oficial, do sentimento da esmagadora maioria da população, que seu carisma e sua intelectualidade o colocam em profundo crédito diante de todos. Mas sabe, todavia, que o seu filho, Alex, é detentor de extraordinário potencial com possibilidades ilimitadas, muitas ainda adormecidas, por ser jovem e honesto, simpático e inteligente, e possuidor de grande carisma. Alex, sem saber, representa as esperanças silenciosas de milhões de pessoas que desejam, ansiosamente, uma razão, uma única razão para viver e as idéias que esposa são frutos de sua própria elaboração mental, resultantes de perquirições e profundas reflexões. Portanto, amigo, este confronto é proposital.

– Mas – interrompeu Bjorn – você reparou o quanto Alex foi aplaudido?

– Foi o fator surpresa, pois um jovem com a estrutura filosófico-científica invejável com que se apresentou, principalmente para um público exigente, impressiona e empolga, como você viu e...

– E... o dr. Falcon foi igualmente ovacionado. Talvez até mais!...

– Bjorn, meu caro, dr. Falcon é estimado, respeitado e conhecido no mundo inteiro, é extremamente político, sabe manejar as palavras e, de certa forma, como autoridade que é, permanece como ponto de acomodação de muitos pelos pensamentos que adotam e encontram nele uma espécie de confirmação ou justificativa sem se preocuparem com a verdade. São pequenas sutilezas, pois, se há alguém pensando com eles e por eles, logicamente sentem-se, também, com a mesma autoridade no assunto.

– Com isto – acrescentou Pandiá com entusiasmo – vocês hão de convir que os aplausos iniciais sinalizam um acolhimento geral a respeito de um novo modo de pensar. A inércia e a apatia estão rompidas!

– O administrador é um sábio – prosseguiu Alan. – O confronto está estabelecido, a motivação despertada e é irreversível. Vamos aguardar, acho que haverá muitas surpresas adiante.

– Sim, Alan, e como o administrador descobriu Alex?

– Posso explicar – adiantou-se Pandiá. – O Mestre...

– O Mestre? – inquiriu Bjorn. – Que Mestre?

– O Mestre é o principal consultor da Administração, é uma criatura indescritível. Um dia você o conhecerá. Ele é o tutor da dra. Silvia Steinberg, que, por sua vez, é a orientadora de Alex e do grupo do qual ele faz parte com maior destaque.

– E por que, como orientador, o tal Mestre não está presente ou mesmo a doutora? Com muito mais autoridade poderiam confrontar-se com o dr. Falcon, uma vez que ela é tão conhecida e tão estimada!...

– Bjorn, meu velho, repare que Alex vem se saindo bem, como ficou evidenciado, captado a simpatia e a credibilidade em igualdade de condições com seu opositor, emprestará maior destaque à autoridade científica da doutora e do Mestre. Os olhos e atenções do mundo, daqui para diante, estarão voltados para aqueles dois e para a Biosfera III.

– Então devemos crer que a função de Alex é a de arrasar e aniquilar com o dr. Falcon?... E ele se prestaria para uma vilania destas? – interrompeu Bjorn com ar de preocupação.

– Não! – apressou-se Alan a esclarecer. – Todo o seu trabalho será o de conquistá-lo!... – tranquilizando a todos. E vou contar-lhes um segredo: a Biosfera III... Não, não posso contar, ainda é segredo!...

– Aaahhh!... – fizeram em coro. – Agora você tem que nos contar!

– Silêncio, amigos, o debate vai recomeçar, prestemos atenção.

De fato, terminado o intervalo previsto, os oradores e o administrador voltaram ao palco. Coube a Alex usar, inicialmente, da palavra, uma vez que, nesta segunda fase, o debate desenvolver-se-ia dialogado com argumentos de parte a parte.

– Dr. Falcon, tenho-lhe acompanhado os trabalhos, as publicações e o respeito por sua honestidade de propósitos e muitos dos meus companheiros são testemunhas do quanto gostaria de conhecê-lo e, com prazer, o faço agora, contudo, não comungando com sua linha de pensamento.

"Mesmo admitindo-se a possibilidade de que nosso encontro tenha sido obra do acaso, as suas judiciosas explicações demonstram, pelo menos, a partir das moneras e proto-amebas, no ato da fagocitose, nos processos de gemiparidade, cissiparidade ou esporulação, e ainda as recentes descobertas a respeito das micro-estruturas identificadas na molécula do ácido desoxirribonucleico, até então desconhecidas, que, indubitavelmente, prenunciam um programa inicial ordenado de tal forma que todo o sistema da evolução desencadeada fatalmente seguiria disciplinadamente essa programação. E é tão perfeita que se pode, na atualidade, identificar e prever as porcentagens de insucessos, nos experimentos desta ordem, sem o que, conclui-se, duas coisas poderiam ocorrer:

"1º – O processo degeneraria por falta de diretriz e encadeamento, abortando-se, logo a seguir;

"2º – Desenvolver-se-ia qual reação em cadeia sem limites ou etapas, indefinidamente, caminhando para uma condição entrópica e de autodestruição!..."

– Você, meu jovem, a quem peço desculpas por minhas ironias de há pouco, uma vez que pré-julguei ser mais um petulante dentre os que me tem surgido, desejando aparecer às custas de meu nome e da respeitabilidade que conquistei!... Você não está levando em conta que os processos destrutivos ocorrem a cada fração de segundo e, mesmo considerando a evolução, eles jamais deixarão de existir, por coabitarem numa economia natural e simples. Compreenda que, enquanto a inteligência se desenvolve desde antes da criação de um instrumento de pedra lascada destinado a um fim utilitário, cortar, macerar ou ferir, para atingir os pináculos da evolução hodierna, quando, então, um simples jato de luz coerente abre, em segundos, uma fenda numa rocha de gnaes, derrete o aço e, nas condições adequadas, extirpa um tumor cerebral; os deslocamentos, a pé, por alguns parcos quilômetros, dos tempos idos, foram substituídos por veículos ultravelozes capazes de alcançarem a Lua em poucas horas ou pousarem no planeta Marte, a vida organizada foi-se degenerando de forma natural ou abusiva. E ouso afirmar que, inclusive, a destruição chamada de abusiva, pela mão do homem, está perfeitamente no vastíssimo elenco da destruição natural e normal, uma vez que o homem integra o quadro da natureza.

"Aos imensos e peludos mamutes sucederam os elefantes, os vários espécimes de dinossauros encontraram seus sucessores nos sáurios de pequeno porte. Outrora, o relevo virgem, abrupto, hoje as pequenas elevações arredondadas, pobres, erodidas e os assoreamentos. Ontem a exuberância das florestas e das águas cristalinas de superfície cheias de vida, agora a vegetação rasteira ou arbustiva, urzes, mares e rios imprestáveis. A riqueza do ar em oxigênio, em contraste com os agentes poluidores por toda a atmosfera. Antes a vitalidade, a higidez confrontando-se com as afecções respiratórias, as patologias epidérmicas e conjuntivas e a flacidez muscular.

"Os fatos devem se olhados não do ponto de vista da particularidade, mas do aspecto de um grande ciclo milenar com início, meio e fim, independentemente da evolução da inteligência. Por mais altos patamares que a inteligência atinja, a Terra entraria, como entrou, no exaurimento de seus recursos e com ela tudo o que se encontra em seu bojo. E os acontecimentos que nos dão a consciência de um fim, com dignidade e sem lutas desnecessárias, devem ser encarados com serenidade..."

– Sim, doutor Falcon!... – obtemperou Alex, aproveitando-se de um momento de respiração de seu interlocutor, enquanto a platéia permanecia muda, em respeitoso silêncio. – O senhor tem razão. Concordo também, que a ocorrência dos múltiplos e variados ciclos de criação e de destruição, de nascimento e de morte, semelhante aos períodos registrados em senoide, dão, como resultante um grande arco que tem sua origem, seu clímax e seu aparente fim numa mesma linha que lhe serve da base ou apoio, mas lembre-se, doutor, que este arco, como na senoide, não se limita a subir, recurvar-se e descer para apoiar-se, terminalmente, na linha base das abscissas. Ele ultrapassa, rompe-lhe a estrutura rígida e limitadora para expandir-se, igualmente do outro lado nas mesmas condições e com a mesma capacidade de crescer, desenvolver-se e retornar à linha de base. Creio, firmemente que este ciclo pelo qual passamos, como resultante médio de todos os ciclos menores e de variadas amplitudes, não é mais do que uma volta de um imenso arco, cuja extremidade não nos é dado perceber ou apreender, com ligação a um outro arco anterior, invertido, em condições de manter sua continuidade além, mais adiante, cuja extremidade também não nos é dado perceber. Creio, também que, além de olharmos o tempo e o espaço de um ângulo mais aberto no qual a humanidade está inserida, como o senhor propõe, é necessário abstrairmo-nos para uma posição atemporal e fora do espaço para sentirmos a exuberância da vida tal como ela é: infinita e eterna. É preciso considerarmos, sim, a casa planetária como temporária estação que cumpre sua parte no processo de evolução. Se não for assim, todo o 'pretenso acaso' que teria gerado a tudo, nos isentaria de responsabilidade, liberando-nos, assim, para o não existir, em qualquer tempo. Desta forma o não existir teria ocorrido no começo, não teria armazenado tanto combustível anímico, psicológico e força instintiva, e não aguardaria tanto tempo para movimentar nosso pensamento e nosso livre arbítrio, justamente agora para a negação de tudo!... – Alex, cada vez mais empolgado, concluiu:

– Se for verdade que o momento é propício para a aceitação consciente deste simplório 'não existir', como obra do acaso, este acaso não seria suficientemente inteligente para criar alguma coisa, ou teria criado, desta forma, sua autodestruição, desde o começo. Então, decretando a morte do acaso, decretamos a morte do 'não existir'!... O acaso está morto, senhores!... Então há razões para a vida!... Viva a Vida!...

O auditório, num só impulso, de pé, explodiu em aplausos.

O administrador aguardou, pacientemente, o serenamento do público, fez um sinal de pausa com as mãos levantadas e, sem comentários, deu por encerrada a sessão, convidando a todos para a conclusão do debate, no dia seguinte.

O debate havia tocado a todos e a saída do auditório fez-se sob comentários entusiásticos entre os grupos que se formavam naturalmente.

Os três amigos mantinham-se em silêncio, não ousando quebrar aquele momento especial de imensa emoção que dominava o pai de Alex. Aguardaram por mais algum tempo, esperando Alex, uma vez que não se viam há muito tempo.

Com efeito, minutos depois, Alex apareceu acompanhado pelo administrador, visivelmente satisfeito.

Alex, ao ver o pai, não se conteve, correu e abraçaram-se longamente, entre lágrimas de saudades e júbilos.

O administrador cumprimentou os três, como a velhos amigos, abraçou com sinceridade a Bjorn a quem acabara de ser apresentado e falou-lhe:

– Chame-me apenas de amigo e esqueça as fórmulas protocolares. Quero cumprimentá-lo pelo filho que tem e pela primorosa educação com que você o enriqueceu, Bjorn.

Dirigindo-se ao Tracy e, em seguida, a Bjorn, acrescentou:

– Meu amigo, providencie para que todos compareçam em minha casa para um lanche. Sei, dr. Bjorn, que está ansioso por estar mais tempo com seu precioso filho, mas, se me permitir, gostaria de permanecer com ele um tanto mais, até nosso encontro ao anoitecer. Há instruções inadiáveis e urgentes.

– Compreendo e, se Alex não se importar, após o encontro, então iremos para minha casa...

– Está bem, meu pai, temos muito de que conversar...

E o administrador, muito bem humorado, continuou:

– Não pensem que o lanche será gratuito, tenho a lhes apresentar um projeto de trabalho. Lá terão a oportunidade de conhecer mais alguns amigos que convidei.

Despediram-se após ficar assentado que Tracy conduziria Bjorn à casa do administrador, na periferia da cidade.

Enquanto isso, o dr. Falcon recolheu-se em sua casa, trancou-se no escritório particular, extremamente abalado, para meditar: "Aquele meninote metido a sábio vai ter o troco que merece! Afrontar-me daquele jeito com teorias esdrúxulas... Humilhar-me!... Isso me revolta!... Ninguém ousou, jamais, afrontar-me daquele modo!

"Falcon, Falcon! O que há com você! Mantenha a calma. Seus setenta e cinco anos não estão mais para apoplexias!" – continuou ele a pensar. "Entretanto ele é, inegavelmente, brilhante, um cavalheiro. Discursou com sinceridade e parece não carregar o veneno da vaidade. Tratou-me dignamente e com respeito.

"Não... não!... Estou enganado, ele não me humilhou, eu é que me senti humilhado e compelido a pedir desculpas em público. Não há que ter raiva dele, é um jovem digno de admiração."

E o dr. Falcon, andando de um lado para outro, pensou mais:

"Habilidoso, sim!... Muito habilidoso... Utilizou-se de meus argumentos para justificar suas teorias e eu nunca havia visto, por este aspecto, o sentido para a vida... Dá o que pensar, dá o que pensar!"

E, recostando-se em confortável poltrona, continuou pensando e assim permaneceu por muito tempo.

8. Reencontro

Bjorn chegou a sua casa e sintonizou o televisor no noticiário, quando transmitiam imagens do debate na Magna Academia. Em todas as emissoras selecionadas o assunto era o mesmo e classificavam como "o debate do século". Focalizavam em várias tomadas os momentos mais importantes, aspectos e ângulos do palco e do auditório, entrevistas com o público nas ruas junto aos telões. Havia uma comoção popular, sobretudo causada pela imponência do dr. Falcon e pelo brilhantismo do jovem Alex. Volta e meia focalizavam a Biosfera III e o encanecido administrador, o Mestre.

Estava contente por ter abraçado o filho e orgulhoso pelo seu desempenho, pensava Bjorn, mas faltava-lhe alguma coisa que não conseguia explicar, pois identificava uma espécie de vazio no espírito...

Era dia claro quando Tracy chegou e resolveram encaminhar-se, sem demora, para a casa do administrador a fim de, descontraídos e sem pressa, conversarem durante o trajeto. Tomaram a avenida principal e em poucos instantes saíram dos limites urbanos. Ganharam a auto-estrada e percorreram uma região inóspita sem vestígios de vida. Onde outrora eram verdes campos floridos, agora enorme extensão estéril de árvores ressequidas e esparsas, a completarem o desolado quadro da paisagem.

– Por que essa expressão estranha, Bjorn?

– Não sei, meu amigo. Há dias que estou assim; falta-me alguma coisa que não consigo definir nem consigo encontrar, por mais que a procure...

– Você é bem sucedido, tem seu trabalho e o faz com gosto, tem um filho maravilhoso... Não será, quem sabe, sua esposa falecida?

– Não, amigo! Sei que não é. Meu casamento foi como a maioria dos casamentos de nossa época. Um acordo estável com respeito mútuo. Você sabe como é que ocorre. As pessoas se conhecem, casam-se, tem os filhos por uma atração natural destinada a assegurar a continuidade da espécie. Não existem os traumas de outras eras, pois, apesar das vidas independentes, há a fidelidade prometida geradora de uma fidelidade quase que matemática componente imprescindível da estabilidade social. Com isso não há flutuações emocionais que perturbem a unidade e solidariedade coletivas. Nosso velho mundo está muito certinho, matematicamente certo. Sem isso já teríamo-nos, todos, perecido, entretanto!... – reticenciou,

– Entretanto!... – insistiu Tracy, interessado.

–... falta-me algo que pareço conhecer, que repousa adormecido dentro de mim, mas não consigo identificar e trazê-lo à superfície... Por isso sei que não é a falta da esposa, pois sempre carreguei comigo esta sensação estranha que há algum tempo vem aumentando. E posso acrescentar que, de forma mesclada, há um misto de expectativa... uma grande expectativa!... O que será isto, Tracy? – falou Bjorn, com expressão carregada no rosto.

– Não sei, meu velho, mas posso afirmar que isso tem ocorrido com várias pessoas de minha relação. Ouso aventar uma hipótese.

– Fale, meu amigo!

Tracy pareceu meditar por alguns instantes, enquanto isto, seu interlocutor observava o início do anoitecer. O vermelho baço ao longe identificava o recolhimento do Sol e ele sabia estar abaixo da linha do horizonte, mas que o visualizava, enfraquecido, tangenciando a separatriz entre o céu e a terra, tal a densidade atmosférica pesadamente carregada de partículas em suspensão. As poucas árvores esgalhadas e rígidas, desnudas, silhuetas tristonhas contra o vermelho fosco e o gradativo escurecimento do céu completavam a profunda melancolia do momento. À aproximação do frio da noite, uma névoa começava a cobrir o solo, o que, talvez, tenha levado os dois amigos a silenciarem imersos em suas reflexões. Após algum tempo, Tracy prosseguiu:

– Bjorn, meu caro, tenho estudado, no curso de minha vida, o comportamento humano e o estado de nossa sociedade.

– Como assim, meu amigo?

– Busco estabelecer um quadro comparativo entre os estados comportamentais da humanidade ocorridos, de forma global, nos primeiros e nos últimos séculos da era cristã, respectivamente, anteriores e posteriores aos grandes desastres ecológicos, telúricos, atômicos e, principalmente, os sociais da Terra. Enfim, os grandes comprometimentos que determinaram uma redução drástica do contingente populacional do mundo, seus sofrimentos e sequelas, das quais ainda não nos despojamos de todo...

– Este trabalho é de capital importância, Tracy, e acredito que as publicações de suas conclusões muito poderão influir positivamente no comportamento humano do nosso tempo.

– Não penso em mudar posturas comportamentais, e sim propor reflexões, auto-análises... Que pensem a respeito!...

– Continue, Tracy, você ia dizendo...

– Sim, no século vinte e posteriores, o homem afrouxou os cuidados consigo mesmo e permitiu rolarem desenfreadas as buscas das sensações vulgares, quais manadas de cavalos selvagens atropelando a tudo. A ganância e a exploração do semelhante, de indivíduo para indivíduo, de nação sobre nação tomou proporções inomináveis. O desperdício e o abuso levaram ao exaurimento veloz dos recursos naturais, ao enfraquecimento do solo, às sensíveis alterações do relevo e do clima. Os constantes testes nucleares, subterrâneos e não subterrâneos, criaram ondas de choques superpostas e acumuladas, harmônicas até, imperceptíveis de início, criando profundas alterações nos movimentos tectônicos.

– Você quer dizer, então, Tracy que semelhante processo ocorreu no aspecto moral?

– Sim, uma vez que a origem dos problemas, nos dois campos, é a mesma: *o homem*. O desregramento, o abuso, o aviltamento e a degenerescência do uso das potencialidades geradoras da vida, somados à proliferação de doenças sexualmente transmissíveis, nunca vistas, alteraram os processos genéticos. Os interesses econômico-financeiros acima de quaisquer outros valores provocaram as guerras, bolsões de disputas em toda parte. As hipocrisias religiosas, dominadoras de consciências, também assessoradas pelos interesses de domínio financeiro e econômico interferiram demasiadamente no sentido ético e estético da vida, ocasionando profundas fendas nas relações sociais...

"O alastramento da corrupção, os desvios nos erários públicos, a aplicação de dinheiro em proveito pessoal, os superfaturamentos a benefícios de grupos, geraram o caos na credibilidade político-governamental. Os valores da cidadania, o respeito à nacionalidade e à soberania das nações perderam os seus significados, instalando-se, então, no mundo, a corrosão e o esfacelamento das estruturas físicas do planeta, morais e ético-sociais da humanidade, que, aturdida, atingiu o ponto de saturação e compreendeu, a tempo, a necessidade de reconstrução do ser coletivo para transformar-se na fênix da antiga lenda. E, nesta operosidade em que a Terra ainda se agita traumatizada e sofrida, fez estancar as manifestações das emoções e do sentimento, enclausurando-os nas dobras mais profundas da alma, congelando-os com receio de que, deixando-os livres, acenderem-se alguns resquícios das emoções descontroladas de antes. Buscou, no extremismo da racionalidade e do equilíbrio friamente estável, a reconstrução de tudo. Por medo e insegurança, a travar os falsos valores da felicidade passageira, alicerçada em prazeres exclusivistas e na satisfação do ego, travou, também, o sentido da beleza, das emoções mais nobres e o aproveitamento dos impulsos naturais equilibradamente dirigidos.

"Perdoe-me, Bjorn, os meus arroubos. Devo estar cansando os seus ouvidos."

– Qual nada, Tracy, prossiga. Tenho muito interesse nestes assuntos e você fala com muita propriedade. Isso deveria ser publicado.

– É o que desejo e, se possível, abrir para um debate público.

– Mas prossiga, é muito gratificante ouvir você.

– A sensualidade expressa na sexualidade e nos prazeres tão naturais relativos ao corpo físico que poderiam ser o complemento das sensações psíquicas e espirituais de ordem elevada, sob a chancela do amor, foram rigidamente condicionadas à perpetuação da espécie e à manutenção da vida.

"Entretanto, meu amigo, em nome de uma estabilidade social que se tornou fria e monótona, desapareceram o prazer, a alegria de viver e os anseios. Viver o presente e deixar viver, apenas, essa foi a tônica que perdura até hoje. Mas vou apresentar um simples exemplo para ilustrar o que lhe digo: o homem tentou, a todo custo, a erradicação das causas da infelicidade, fazendo proliferar os consultórios para diversificadas terapias psíquicas, mas não descobriu nem cultivou a felicidade dentro de si mesmo, à semelhança dos que, a título de prevenir males e doenças, além de exterminar ratos e insetos daninhos, com redução, a resquícios, do contingente de lixo caseiro e de terrenos baldios, de aperfeiçoar os sistemas de esgotos, não se importou em usufruir da beleza e do perfume das flores por não semeá-las à sua volta ou à margem de seus caminhos, perdendo, com isto, o encanto da visão policrômica das borboletas e do zumbir das abelhas.

"Ao cultivo da solidariedade interesseira de nossa época, falta o adubo da piedade, a irrigação da fé e a claridade solar do amor!"

Tracy falava com entusiasmo, comunicando a mesma emoção ao seu companheiro, que permanecia em silêncio.

– Apesar de tudo, as nações uniram-se pela afinidade e proximidade territorial, reduzindo-se, desta forma, as fronteiras territoriais, criando-se as Confederações e Uniões Confederativas, com vistas à mútua confiança e solidariedade para garantirem a sobrevida pela unificação mundial. Estabelecendo-se a solidariedade, estabeleceu-se a responsabilidade de cada indivíduo para com o grupo e do grupo para com o indivíduo. Assim desapareceu a ociosidade, o desemprego, a mendicância, a prostituição, a escravidão infantil e a servidão humana. Por fim estabeleceu-se, definitivamente, o lema da velha Revolução Francesa do século dezoito: "*Liberté, Égalité et Fraternité*".

A noite caíra integralmente e o acendimento automático dos faróis do veículo quebrava a escuridão da estrada. No céu, alguns pontos de luz baça indicavam a presença visível de estrelas. Algumas, as de maior brilho, venciam a camada atmosférica e se apresentavam com cintilações.

Depois de alguns segundos, Bjorn interveio:

– Mas, segundo me consta, as religiões sempre foram o sustentáculo da fé e ajudaram a coibir a exacerbação dos impulsos de baixa linha, e você me demonstra o seu falecimento!...

– Sim, a fé, sob o ponto de vista unicamente religioso, faleceu com a inoperância das religiões em atenderem à razão. Os avanços do conhecimento humano, mesmo ao final do segundo e início do terceiro milênios, não se conformavam mais com os 'mistérios' e os 'dogmas', todavia, a fé humana permaneceu na subconsciência universal e assegurou, até este instante, a sobrevivência da nossa espécie, intrínseca, qual uma consciência íntima, viva, mais sutil que o instinto de sobrevivência e de autopreservação, porém não identificada ou intuída, ainda. Contudo, já em meados do século dezenove, na França, surgiu notável e providencial ciência a restabelecer o conhecimento antigo a respeito da vida, no que tange à alma, sua preexistência e sobrevivência após a morte do corpo físico, filosofia puramente racional, mas de graves consequências morais e religiosas, onde o conceito de verdadeira fé ficou definido como aquela que se apóia na razão, inalterável em qualquer época da humanidade.

– Realmente, esses aspectos são muito interessantes, Tracy, mas nunca ouvi falar disso. Fale-me mais a respeito... – interessou-se Bjorn.

– Você esteve afetivamente ligado, com exclusividade, a outra área muito específica de conhecimento. Devo confessar que ocorreu um fenômeno curioso: em poucos anos o espiritismo, assim denominava-se a referida filosofia, trasladou-se para a Confederação surgida com a unificação dos países da América do Sul e, desenvolvida, especificamente, no maior país da região, no século vinte. Ali estabeleceu suas bases, principalmente a de caráter religioso, de alguma forma em detrimento do aspecto científico. Todo o acervo estrutural, praticamente, desapareceu de nosso continente e lá ficou preservado para, aos poucos, espalhar-se por várias partes do mundo. Lá ela se expandiu, se estabeleceu e se tornou crença comum sem a preocupação mórbida de se projetar como religião hegemônica. Seus conceitos de vida remetiam ao cristianismo primitivo para consolo de muitas criaturas, considerando também que, em final do século vinte, começo e meados do século vinte e um, fazendo coro ao consumismo exacerbado da economia mundial, as religiões predominantes no Ocidente, ditas pentecostais, neopentecostais e outras de mesmo naipe, se apresentavam em surdo litígio de dominação com o catolicismo.

"No processo de evolução da Terra, o Brasil, a nação da América do Sul a que me refiro, não se tornou um grande país, em termos econômicos, face à economia mundial, como pretendiam, à semelhança do mais importante e rico estado da América do Norte, à época. Obteve, a duras penas, o seu surto de progresso frente à tecnologia mundial. Entretanto, a população de índole pacífica e de grande sensibilidade psíquica e emocional absorveu, com naturalidade, os conceitos expostos pela filosofia espírita que surgiu como ciência de observação. Seu eixo de ação visava ao restabelecimento das bases do cristianismo primitivo em sua simplicidade e não compactuava com as modificações que lhe impuseram com o passar dos séculos, ao transformá-lo em religião pactuada com os interesses do poder. O espiritismo não pregava a salvação nem se preocupava com o proselitismo. Seu fim essencial era a formação do homem de bem, propugnando que a educação seria capaz de transformá-lo para melhor, com superioridade de resultados dos valores da instrução, sem, contudo desmerecê-la.

"O espiritismo não prometia o céu para os bons nem oferecia o inferno para os maus, ao contrário, esclarecia que estas distintas regiões coexistem com o indivíduo, criadas pelas consciências livres ou culpadas. Apresentava a Divindade como única e criadora de tudo, causa primária, onipresente em tudo e em todos, não um ser com os mesmos sentimentos humanos, embora, como sempre fora apresentado, até mesmo pelos sucessores do primitivo cristianismo, distante e inatingível em algum ponto do universo. Por fim, deixa a cada criatura a responsabiliza de seus próprios atos a estabelecer, como padrão ideal de comportamento, a relação entre as criaturas pelo ato de fazer aos outros o que desejaria que lhe fosse feito.

"O espiritismo pregava a esperança no futuro, daí o seu caráter consolador, a existência de um mundo interexistente e específico, originário e primitivo, eterno e em permanente evolução, morada dos despojados do corpo humano pelo fenômeno da morte, e o mundo físico, onde vivemos temporariamente, por consequência, o qual poderia nunca ter existido, constituindo-se no campo de provas para o espírito, em múltiplas existências, com vista à sua transmigração e progresso, em busca de mundos de ordem e nível superiores, em permanente evolução..."

– Isto justificaria a existência de todo o universo! – entusiasmou-se Bjorn. – Conclui-se, então, que a criação é um ato permanente!... Que o Criador não está, placidamente, de fora de sua obra, como mero observador, vaidosamente admirado com o que criou!... Tem que estar em lugar nenhum, mas em toda parte, sem se dividir!... E, mais ainda, dentro de cada ser!... É fantástico!... É como se todo o universo fosse o seu corpo!... – Bjorn emudeceu em sua conjectura e perguntou repentinamente:

– E o que aconteceu com essa filosofia tão avançada?... Por que não se transformou em religião de todos?...

– Não se transformou!... Ainda bem que não, meu velho, senão cairia na vala comum dos interesses personalistas. Ela sofreu muitas influências e interferências dos próprios adeptos, ao exercerem a crença ao seu modo, satisfazendo ao comodismo e aos resquícios do atavismo religioso e dogmático de outros tempos, como previra o professor Rivail, cognominado Allan Kardec, mas sem abalar os sólidos alicerces em que se fundara, permanecendo incólume ao tempo e ao espaço. Como antevira, também, o ilustre mestre, os postulados tornaram-se crença comum sem necessidade de instituição constituída hieraticamente, o que talvez tenha acrescentado ao povo um sentido de fé baseada no conhecimento e uma conformação diante dos fatos da vida sem fanatismo e fatalismo e, talvez ainda, dentre todas as regiões que sobreviveram no mundo, é a que tem mais fundamente enraizado, no coração do povo, o sentimento de solidariedade unido ao calor humano. Desta forma desenvolveram, em níveis elevados, os sentidos psíquicos da comunicação mental, que chamam de espiritual, uma vez que o espírito é o ser preexistente e sobrevivente ao corpo.

– Tracy, meu amigo, essas informações precisam ser divulgadas e creio que daria um novo sentido à vida.

Tracy ouviu seu companheiro, sorriu de modo muito singular, como se escondesse algo, o que levou a Bjorn perguntar com certa ansiedade:

– Por que você sorriu desta maneira tão sarcástica!...

– Acrescento mais, meu velho, pasme!... São originários desta doutrina, nada mais nada menos que os *centros da filosofia da vida*!

– Mas... Tracy...! – gaguejou Bjorn.

– Deixemos este assunto para outra ocasião, veja! Estamos chegando.

* * *

A casa do administrador, naquela região desolada, não era visível em virtude da luxuriante vegetação que a circundava. Tudo dentro de grande bolha transparente, uma biosfera em proporções reduzidas.

O veículo entrou num compartimento estanque apenso à bolha e de imediato fechou-se atrás uma porta automática, cortando a ligação com o exterior, para, em seguida, abrir-se outra à frente, para o lado de dentro.

Os dois amigos defrontaram-se com um bosque de características tropicais com árvores, bétulas, lianas, orquídeas, trepadeiras e bromeliáceas ladeado por um espaçoso caminho de terra.

Era delicioso sentir o cheiro da vegetação e de flores noturnas.

Bjorn, deslumbrado, falou:

– Tudo isto é novidade para mim, surpresas sobre surpresas.

– O administrador, meu velho, foi nos tempos idos o grande idealizador das biosferas e soube aproveitar os ensaios experimentais do século vinte, corrigindo os defeitos de sistemas e enriquecendo o projeto de novas tecnologias e de seus experimentos. Aperfeiçoou-a e aplicou aqui todos os seus recursos. Conhecendo os matizes das antigas florestas tropicais, sua exuberância e beleza, na condição de naturalista, recriou aqui uma mini-estação climática que deu suporte tecnológico e científico à proliferação das biosferas; e a Biosfera III é o melhor produto desta experiência, a "menina dos seus olhos".

Agora ande por aí, faça um reconhecimento de área e aproveite bastante. Chegamos cedo e preciso tomar algumas providências a pedido do administrador. Não se preocupe, os caminhos são todos sinalizados e, cinco minutos antes da reunião, você será chamado, pois o sistema de som é semelhante ao da Magna Academia, de modo que, onde estiver, será alcançado. Até mais tarde, amigo!...

Tracy não havia dado um passo quando Bjorn, gentilmente, o reteve pelo braço para inquirir:

– Diga-me, como você sabe de tudo isto?... E esta intimidade com o administrador!... Explique-me, estou intrigado!...

Tracy, respondeu, deixando o amigo paralisado e boquiaberto, e sorrindo seguiu por outro caminho:

– Ele é meu pai, Bjorn. Até breve!...

Bjorn tinha a cabaça a fervilhar, era muita coisa em tão pouco tempo. Lentamente caminhou tentando arrumar seus pensamentos, mas o pio de uma ave noturna chamou-lhe a atenção e passou a observar os detalhes do caminho. Uma orquídea diferente, o musgo das árvores destacados por focos de luz bem direcionados, raízes adventícias, um pequeno lago artificial, bem disfarçado, para parecer natural alimentado por decorativa cascata e, mais adiante, um caramanchão florido. Havia paz naquele ambiente e ali ele experimentava uma nova sensação. Suas preocupações, como que por encanto, haviam-se dissipado e registrava uma espécie de euforia íntima, indefinível. Uma expectativa apoderara-se de sua alma e crescia à medida que adentrava o bosque. "O que estava para acontecer?...", perguntava a si mesmo.

A iluminação artificial em pontos estratégicos emprestava à vegetação efeitos de bela dramaticidade e alguns matacões irregulares, bem colocados, completavam a composição, à guisa de bancos que convidavam ao descanso e à meditação.

Absorto, contornou uma alameda mais iluminada e teve uma surpresa ao deparar-se, à distância de alguns passos, com uma jovem sentada num dos bancos naturais. Folheava tão distraidamente um livro, detendo-se em determinadas páginas, que não lhe percebeu a chegada. Ele parou e pôde contemplar a delicadeza dos traços fisionômicos e a beleza do rosto desenhado pelo contorno de luz, realçado pela sombra lateral da face, quase de perfil, ligeiramente quebrada pelos reflexos das páginas do livro, que alcançavam a curva do pescoço e a parte inferior do rosto.

Aquela visão parecia um sonho extraído de algum remoto conto de fadas. Ficou sem saber o que fazer. Desejava aproximar-se, mas não queria quebrar o encanto daquele momento.

"Quem será esta criatura tão bonita?" – pensou, e quase que de imediato a moça percebeu que não estava sozinha, levantou a cabeça em sua direção, permitindo que a iluminação batesse em cheio no seu rosto e deixou ver a suavidade de seus olhos inquiridores.

– Desculpe-me, não quis perturbá-la! Estava caminhando quando me deparei com você – exclamou Bjorn com o coração inexplicavelmente sobressaltado, pois aquele rosto e aquela expressão eram-lhe conhecidos. Rebuscou arduamente na memória e descobriu que a conhecia de seus sonhos de alguns anos atrás. Era ela, sim, a mesma expressão do olhar, o sorriso ingênuo, mas sempre distanciada. Mas como isto seria possível?... E o curso de seus pensamentos foi quebrado quando ela falou, com delicadeza:

– Não me incomoda, aproxime-se, por favor! Quem é você?... – E Bjorn respondeu reticente, ainda constrangido, estendendo-lhe a mão que foi apertada com firmeza:

– Sou Carl!

– Muito prazer, Carl, e eu sou Silvia.

Naquela fração de segundo em que a mão de Silvia ficou retida e abraçada pela mão de Carl, uma espécie de corrente elétrica percorreu veloz em cada um dos dois interlocutores.

– Sente-se, Carl, o que faz por aqui, se posso lhe perguntar?

– Estou a convite do administrador, com alguns amigos, para apreciar um projeto que, segundo ele, necessitará de nossa participação. E você, Silvia?

– Estou também, na mesma condição.

– De onde você é? Desculpe-me por tantas perguntas, mas julgo conhecê-la de algum lugar!

– Sou da Biosfera III e é lá a minha base de operações...

– Então você é a própria dra. Silvia Steinberg!...

– Sou sim!... – respondeu Silvia com muita naturalidade.

– Neste caso meu prazer em conhecê-la é redobrado pela atenção que tem dado ao meu filho Alex!...

– Alex?!... É seu filho?... Que prazer em conhecê-lo também. Você tem um filho excelente, e muito seu amigo, pois, fora os estudos do estágio, que são sua paixão, ele não tem outro assunto a não ser falar do pai. As referências a você, dr. Carl, são tão carinhosas que desejei muito conhecê-lo...

– Pode me chamar de Carl, se preferir...

– Então me chame apenas por Silvia, combinado?

– Combinado!

– Mas, como ia dizendo, Carl, seu filho representa uma grande esperança nossa e do administrador.

– Esperança?!...

– Sim, minha e do administrador. Seu apuro, responsabilidade e moralidade apontam para grandes e importantes posições e atividades que implicam em reformas por que passará a humanidade. Disso estou certa. Vimos, durante seu desempenho no debate de hoje. Você o preparou muito bem para a vida...

Neste instante três leves e regulares zumbidos soaram no ar e uma voz masculina se fez ouvir:

"– Dr. Carl!... Dr. Carl!... Dra. Silvia!... Dra. Silvia!..."

"Faltam cinco minutos para o início da reunião. Por favor, dirijam-se para a entrada principal!... Obrigado!"

– Vamos, doutora Silvia?!...

– Vamos, Carl, mas não é preciso chamar-me de doutora! Pode chamar-me por Silvia, apenas.

– Então vamos, Silvia! – repetiu Bjorn, levantando-se e fazendo um cumprimento improvisado, curvando o corpo para a frente. E saíram ambos, sorrindo.

Uma recepcionista muito simpática conduziu-os a uma sala com diversas poltronas dispostas em círculo.

Lá se encontravam Alan, Pandiá, Tracy e Alex, que, ao ver seu pai e Silvia acompanhados, abriu largo sorriso de satisfação e apressadamente dirigiu-se para eles. Abraçou o pai com alegria e, respeitosamente, beijou Silvia.

– Então, vocês já se conhecem!?...

– Conhecemo-nos há poucos minutos lá fora, meu filho!

– Que bom, meu pai, há muito eu desejava que se conhecessem. Fico feliz que tenha acontecido!

A recepcionista pediu que se assentassem, uma vez que o administrador não se demoraria.

Poucos minutos depois, chegou o administrador e, à menção de se levantarem, ele os impediu com um gesto e solicitou que permanecessem à vontade e informais.

O administrador sentou-se, deixando uma poltrona vaga à sua direita, esclarecendo que chegaria um convidado, logo depois.

– Boa-noite a todos!... Quero-lhes agradecer a presença e a solicitude com que me atenderam ao convite, pois o que tenho a lhes falar e propor é de extrema importância. Não posso contar com outros técnicos além de vocês, que, além de disporem de conhecimentos, tecnologia e experiência acumulada para os urgentes empreendimentos, possuem sensibilidades e possibilidades psíquicas especiais.

"Nossa base na Lua passa por estranha fase. Na BL-I, desculpem-me o hábito, Biosfera Lunar N° 1, estão ocorrendo fenômenos inusitados que levam os habitantes a um estado de desânimo, por vezes extrema apatia. Repentinamente mudam de humor passando à agitação, nervosismo, quase à agressividade. Situações díspares e até antagônicas dessa ordem prejudicam a estabilidade emocional, psicológica e até física da biosfera lunar. A continuidade do problema trará, fatalmente, reflexos imprevisíveis para a base marciana e para a Terra..."

A uma pausa do administrador, Silvia inquiriu, com ar preocupado:

– Já houve alguma providência para um possível diagnóstico, pelo processo telemétrico?

– Todos os processos conhecidos foram utilizados, diretamente da central de análises daqui da Terra, monitorando a todos os acometidos pelo mal, antes, durante e depois dos dois estados anômalos. Os mais sensíveis equipamentos nada acusaram. Alguns médicos atribuem as anomalias ao confinamento por tempo prolongado, outros culpam a prolongada ausência da Terra e não chegam a qualquer acordo. Gostaria de contar com as pesquisas do dr. Bjorn sobre as frequências das ondas cerebrais. Lá ele terá um laboratório completo à sua disposição. Seria necessária, também, a presença da dra. Silvia Steinberg, que atuará em dois campos. Um com sua percepção e sensibilidade parapsíquica; o outro com seus conhecimentos de prospecção, projetada por ela mesma para o subsolo e a gravidade lunares. Explico-me melhor... – complementou.

Quando Silvia ouviu o administrador pronunciar o nome Bjorn, dirigindo-se a Carl, sobressaltou-se e olhou-o fixamente, o que não passou despercebido por ele.

– Explico-me melhor – continuou – para não ferir suscetibilidades: a dra. Silvia fará prospecção e estudos de viabilidade da construção de reservatório de água no subsolo lunar para transferência direta dos depósitos de gelo, considerando-se que os reservatórios de superfície estão chegando nos limites de sua operacionalidade e a construção de similar seria mais dispendioso. Esta atividade já estava prevista para o próximo semestre, entretanto, achamos por bem antecipar, dadas as circunstâncias. Assim terão liberdade de ação para atacarem o problema mais imediato e mais grave sem levantarem suspeitas. A harmonia e a estabilidade das bases lunares e marcianas são fundamentais não apenas para o conforto e a condição humana, mas também tem relação com os trabalhos avançados e pesquisas em torno da exobiologia, prospecção espacial, bioastronomia e astronomia-geral.

– Mas, senhor – insistiu Silvia –, por que se referiu ao "levantar suspeitas"?

– Porque qualquer tentativa neste sentido, sob o aspecto da análise psíquica, torna-se inviável quando feito às claras. Há uma contundente rejeição geral, como se estivessem programados para não haver solução com vistas a um agravamento da situação.

– Senhor – perguntou Bjorn –, meu tipo de trabalho e a metodologia aplicada exigem contato direto com o indivíduo pesquisado!

– Quanto aos seus procedimentos, não há com que se preocupar. Frequentemente todos passam por análises neurológicas e cerebrais de rotina e a única coisa que observarão de diferente são os equipamentos. No entanto, caso haja alguma curiosidade, você encontrará as respostas certas e adequadas, sem mentiras. Mais alguma pergunta?

"Passaremos, então, para o assunto seguinte, tão crucial quanto o primeiro. De certa forma ambos têm relação entre si.

"Já não se pode mais postergar o auxílio de recuperação dos Filhos da Luz. Alex e Tracy dirigirão o trabalho de sensibilização desses grupos que se intitulam Filhos da Luz, que formam bolsões de alienados, autodestrutivos, assaltantes e criminosos. São seres extremamente revoltados com o mundo, por serem originados da desordem coletiva, da qual tomaram parte, portanto, revoltados consigo mesmos por não conseguirem sozinhos a liberdade para além dos muros das prisões do ódio.

"Há muita dor e sofrimento escondidos na violência e, por trás de tudo e de todos, uma mente doentia a insuflar a destruição do que encontrarem pela frente e, sutilmente, a autodestruição. São grosseiros e violentos, mas denotam grande sensibilidade, porém, o seu orgulho estimulado não os deixa aceitar ajuda.

"Amanhã retornaremos ao auditório para a finalização do Grande Debate e já fomos informados de que eles o assistiram e continuarão a acompanhar ao vivo com grande interesse. Dependendo dos resultados, vocês dois, Alex e Tracy, contarão com grande percentagem de êxito de conquistas a nosso favor; na verdade, a favor deles mesmos.

"Não se enganem, não se iludam! Mesmo assim não será tarefa simples e fácil. Estarão, assim, operando no grupo mais importante e de maior liderança na comunidade. É de lá que partem todas as ações para os demais grupos. Se os resultados do debate forem favoráveis, como imaginamos, as resistências serão minadas diretamente na população sofredora. Precisarão estar armados de muita paciência, perspicácia, ação política, viva e sincera demonstração de solidariedade temperada com o coração amoroso e humilde, pois afirmo-lhes que os mais embrutecidos seres não poderão resistir por muito tempo ao desprendimento e à bondade. Alan e Pandiá darão cobertura externa. Tracem os planos e os apliquem.

"Os resultados positivos que obtiverem repercutirão profundamente nas populações de nossas cidades.

"Atualmente, os revoltosos acham-se em áreas que fogem à nossa jurisdição, pois é um território hostil e somente eles aventuram-se a viver ali, em condições sub-humanas, por vontade própria, nas contingências que lhes falei. Por falta dos mínimos cuidados de higiene com efeitos multiplicados pela poluição, proliferam as doenças de peles, afecções pulmonares e dos tecidos conjuntivos, acrescidos dos problemas mentais oriundos da própria condição em que se encontram psicologicamente rejeitadas pela íntima insatisfação.

"Vez por outra, investem em ataques suicidas aos nossos postos militares avançados, mas com insucessos, pois nossas milícias são muito bem treinadas, condicionadas, frias e sem piedade. Se continuarem assim, os Filhos da Luz, nossos irmãos em humanidade, não sobreviverão por muito tempo. É preciso conquistar-lhes a confiança.

"Eu lhes disse da importância do dia de amanhã na conclusão do debate, pois eles tem no dr. Falcon e nas suas teorias um poderoso ponto de apoio, apesar do seu desconhecimento. Ele não sabe disso.

"Nossos investigadores e pessoal de logística descobriram que o debate de hoje tirou-lhes a relativa tranquilidade quanto à segurança em sua filosofia de vida, pois viram que os postulados do dr. Falcon ficaram abalados em sua consistência, com a claridade dos argumentos do Alex.

"É preciso aproveitar o momento psicológico da ação benéfica dos *centros da filosofia da vida*, tanto daqui da Terra quanto dos que se encontram nas bases extraterrestres. Trabalhem com calma e segurança. Dentro de seis meses deveremos nos encontrar aqui para avaliação. Alguma pergunta amigos?"

Levantada a mão, Bjorn foi autorizado a falar:

– Posso fazer um pergunta de ordem pessoal?

– Claro, pois, faça–a!

– O senhor esteve, por algum tempo, por algum motivo especial, em alguma localidade específica da Confederação Sul Americana?

O administrador deu um largo sorriso e, com muito bom humor, respondeu:

– Sua pergunta é muito capciosa, mas vou respondê-la com mais do que um sim ou um não. Lá estive a convite do administrador Sul Americano e, durante um mês tive contacto com as invejáveis possibilidades psíquicas daquela gente boa e sensível e aproveitei para fazer treinamento pessoal.

– Obrigado, senhor!

Durante as observações do administrador, Bjorn e Silvia, embora muito atentos, frequentemente se apanhavam um olhando para o outro com troca de sorrisos.

A inflexão de voz do administrador da Confederação Européia infundia segurança e o ambiente impregnava-se de suave magnetismo, tocando no mais profundo de cada um dos presentes. Uma emoção coletiva pairava no ar e havia uma alegria nunca experimentada antes pelos convidados.

Em dado momento, um dos auxiliares da casa adentrou e falou em voz baixa com o anfitrião, que respondeu em tom natural:

– Faça-o entrar, por favor! – e, dirigindo-se aos presentes: – Chegou o último convidado no horário previsto. Logo saberão de quem se trata.

A porta da sala novamente se abriu e entrou um homem sorridente, simpático, de cabelos e barba embranquecidos, presumivelmente setenta a setenta e cinco anos. Bjorn se achava de cabeça baixa, entregue aos seus pensamentos, quando o administrador anunciou com satisfação estampada na voz:

– Apresento-lhes o Mestre!

Bjorn, ao erguer os olhos e, ao ver o recém-chegado, levantou-se de chofre, tal foi a sua surpresa.

– Calma, dr. Bjorn!... Sou eu mesmo quem esteve em sua casa dias atrás! Não sou nenhum fantasma!... – exclamou. – Sou de carne e osso!...

Silvia, que sorria ao ver o Querido Amigo entrar, foi quem mais se surpreendeu ao ouvir novamente o nome de Bjorn e, tão de chofre quanto ele, levantou-se também. O Mestre, fazendo um gesto com uma das mãos, pediu-lhes, sorridente, que sentassem:

– Sentem-se, por favor!... Fiquem tranquilos. Compreendo-lhes as surpresas, mas tudo será esclarecido no devido momento!

Quem mais parecia se divertir com a situação era o administrador, que não escondia a sua alegria. E, após aquela ligeira descontração, o administrador informou que, dali por diante, o Mestre dirigiria a reunião. Pediu licença e, informando que retornaria mais tarde, retirou-se.

– Amigos!... Sei que posso nomeá-los assim, pois conheço a todos, embora nem todos me conheçam.

“Vocês não desconhecem, ou pressentem, as imensas responsabilidades que pesarão sobre suas cabeças. E perguntam, a si mesmos, sobre as razões que os trouxeram aqui. Para cumprimento das responsabilidades que se avizinham, era necessário contar com pessoas especiais, de modo que, num processo rigoroso de seleção, vocês foram escolhidos por suas qualidades morais, técnicas e pelos dotes de coração. Quero dizer: pelo sentimento de humanismo que nutrem e alimentam suas almas.

"São escolhidos, mas não se sintam missionários. Precisamos dos que sejam, também, pessoas comuns, que tenham condições de se identificar com indivíduos de quaisquer níveis, que levem em conta o autoconhecimento, acima do conhecimento oferecido pela escolaridade, a fim de que nenhuma ponta de vaidade obscureça-lhes a visão da luz maior que os conduzirá em claridade, sejam quais forem as sombras dos caminhos a percorrer.

"Em tudo o que fizerem, coloquem a verdade e a prudência como forças do coração somadas às da sabedoria, e isto lhes dará autoridade moral sobre os aparentes inimigos, que assim intitular-se-ão, mais por ignorância e infantilidade, sofrimento e dor, angústia e revolta, do que por maldade, propriamente dita... Não conheceram, ainda, coisa melhor. São potencialidades desperdiçadas que, quando bem dirigidas, com conhecimento de causa, serão capazes de operar verdadeiros 'milagres'.

"Não desejo assustá-los, embora pareça, porém é necessário que saibam da magnitude do serviço à frente. Daremos os primeiros passos para desencadear as mudanças por que deverá passar a humanidade.

"Antes de continuarmos, proponho um pequeno intervalo, pois já se encontram em reunião há algumas horas, concordam?"

– Concordamos! – responderam quase em coro.

– Ah!... Dr. Bjorn, teremos tempo, ainda, para conversarmos noutro momento. Com licença!... – então o Mestre, com pressa, retirou-se da sala. Imediatamente estabeleceu-se animada conversa sobre os assuntos dos últimos instantes e Silvia, apressadamente, aproximou-se de Bjorn.

– Carl, precisamos conversar! – falou com expressão de ansiedade. – O administrador e o Mestre o chamaram de Bjorn!... Por quê?

– Porque este é o meu nome, Silvia, Carl Amundsen Bjorn. E por qual razão você está tão agitada?

– Carl, diga-me, por favor, de onde você é?... Qual é sua família?... Você tem ou teve parentes na Suíça?... Como é o nome de seu pai?... E de seu avô?...

– Calma, Silvia, uma coisa de cada vez!

– Desculpe-me, Carl!... Eu não sou assim, mas este nome traz-me tantas lembranças e emoções!...

E, simplificadamente, Silvia contou sua odisséia, terminando no momento em que a família Bjorn, como seus preceptores, a abrigaram em sua casa para lhe dar proteção, educação, afeição, carinho e amor. Concluiu falando do assassinato de todos aqueles familiares, por remanescentes do grupo que havia sequestrado e assassinado seus pais, nos Estados Unidos da América, cujos criminosos ficaram impunes.

– Como você escapou, Silvia?

– Herdei de meus pais a sensitividade de tal modo que tive um forte impulso de sair de casa, e o fiz sem razões aparentes. E ainda cruzei com os dois criminosos numa esquina de Berna, próximo de onde haviam deixado seu veículo. Foi horrível, pois, ao aproximar-me deles, que vinham apressados em sentido contrário ao meu, tive imenso e inexplicável terror. Vi-lhes as intenções criminosas sem identificar as consequências, senti-lhes as irradiações mentais pesadas e ainda retenho suas fisionomias em minha memória. Eles não me conheciam, mas tinham meu nome claramente em suas mentes. Sei que os encontrarei, um dia, não sei quando, mas o futuro me reserva este encontro.

– Silvia, a vida tem-me reservado surpresas desconcertantes, até por isso a compreendo, e posso acrescentar que, de algum modo misterioso, nossas vidas estão ligadas. Você é a moça dos meus sonhos!... – Silvia sorriu e perguntou-lhe em tom de brincadeira:

– Isso é um galanteio, Carl?

– Não, Silvia!... Bem que poderia ser, mas, creia-me, durante anos sonhei com você. O rosto é o mesmo, os cabelos, a voz, o olhar... Tudo, Silvia! – expressou-se Bjorn, com sinceridade, mas tentando ocultar sua emoção.

"Quando a vi pela primeira vez, horas atrás, sentada naquele banco, recordei-me de que já vira aquela cena, antes, por muitas e muitas vezes, em meus sonhos, e, para provar o que digo, por favor, abra o livro que você folheava e que o fechou, antes de convidar-me a me aproximar. A marcação das páginas é uma pétala de rosa vermelha e a página da esquerda tem, na parte superior, o número vinte e oito e o que mais me chamou a atenção foi um erro de paginação, pois todos, de um modo geral, iniciam capítulos em números ímpares, isto é, nas páginas da direta, ao contrário desse daí..."

Bjorn olhou-a mais uma vez nos olhos, deixando-a momentaneamente enrubescida, e prosseguiu:

– A primeira frase começa com a iluminura vermelha para a letra *A*, por se um livro muito antigo, e completa-se assim: "*A Terra mergulhou em triste escuridão e assim permaneceu até o dia da libertação, pela luz.*"

Silvia, cabisbaixa, falou calma e à meia voz, mas expressando-se com muito espanto:

– Já vi, em minha vida, muitos fenômenos inusitados, dos quais alguns me intrigam até hoje, mas o que estou vivendo agora, com seu relato, vai muito além de tudo o que já presenciei. Apesar da moderna digitalização dos livros e o nosso acesso a qualquer biblioteca do mundo no instante desejado, Carl, gosto de sentir os livros antigos em minhas próprias mãos, os originais e, veja... você mesmo... com seus próprios olhos... – e Silvia abriu o livro onde havia marcação com pétala de rosa vermelha e passou-o, aberto, na página vinte oito, cujo capítulo iniciava pela letra *A*, emoldurada por belíssima iluminura vermelha, onde lia-se: "*A Terra mergulhou em triste escuridão e assim permaneceu até o dia da libertação, pela luz.*"

– Pasme, Silvia, eu nasci na Suíça, no ano de 2.370 e, em 2.385, fui para a casa de um tio, na França, a fim de estudar com mais tranquilidade, pois a Suíça estava muito tumultuada. Tempos depois, enviaram-me mensagem me contando que se haviam tornado preceptores de uma menininha muito inteligente, embora maiores detalhes não lhes fossem possível contar naquele momento. Esta mensagem, Silvia, não sei por qual razão, chegou muito tempo depois dos tristes acontecimentos, quando fiquei sabendo do assassinato de meus pais por desconhecidos. Meus pais chamavam-se Andreas e Olga Bjorn!...

– Então, Carl, você é o menino bonito da fotografia!?... Quanto desejei conhecê-lo, ser sua amiguinha, ter com quem conversar... Em meus momentos de solidão, punha seu retrato diante de mim e dialogava com você em minhas fantasias infantis...

Silvia com os olhos marejados abraçou-se a Carl e chorou. E Bjorn, segurando-lhe o rosto entre as mãos, enxugou-lhe o pranto e lhe disse com emoção e carinho:

– Eu lhe conhecia, sem nunca tê-la visto, muito antes de eu ir para a França e você à Suíça. Ainda sonho com você, não tão amiúde quanto antes nem com a mesma nitidez. São imagens vagas, quase perdidas de um tempo remoto em algum lugar, num distante e belo passado!...

Carl e Silvia tiveram que conter as emoções, pois receberam o aviso de que deveriam retornar à sala de reuniões. O Mestre retornara. Enquanto os demais se acomodavam em seus respectivos lugares, o Mestre aproximou-se de Bjorn e Silvia e perguntou, em voz baixa:

– Como é, já se reencontraram?!... – e voltou para a mesa central com a presença do administrador. Ao darem de frente com Alex, notaram-lhe um sorriso no rosto e um olhar muito especial, de conivência.

– Quero esclarecer que, antes de deflagrarmos nossa operação, iremos todos à Confederação Sul Americana para treinamento de ordem psíquica necessária, pois precisarão de muita interação e dilatação das possibilidades que possuem, mas que ainda não tem domínio sobre elas. Lá, também, vocês verão de perto o significado mais amplo de solidariedade, desprendimento, renúncia, abnegação e, muito mais... Então tirarão suas próprias conclusões.

"Amigos, a hora é bastante adiantada e sugiro pernoitarem aqui, há acomodações para todos. O trajeto até o centro urbano pode ser perigoso, porque alguns grupos isolados e nômades dos Filhos da Luz costumam, vez por outra, fazer incursões mais audaciosas à noite.

"Amanhã cedo estaremos todos juntos no auditório da Magna Academia. Boa noite a todos." – e retirou-se.

Os convidados conferenciaram entre si e decidiram aceitar o oferecimento do administrador e, quando se retiravam acompanhando um dos servidores da casa, o Mestre solicitou a Silvia e Bjorn que permanecessem por mais alguns minutos.

– Dr. Carl, devo-lhe uma explicação a respeito do fenômeno de anteontem à noite.

– Por favor, Mestre, ainda estou curioso!

– É um fenômeno relativamente simples e corriqueiro que ocorre com todas as pessoas, durante o repouso. O desdobramento da personalidade. Alguns não se apercebem de que a ocorrência é um fato comum e registram-no, apenas, como forma de estranho sonho. Outros, como você, percebem-no, mas não encontram explicações; outros ainda têm percepção integral, e outros mais treinam para domínio completo sobre o fenômeno, como no meu caso. É facilmente compreensível, por exemplo: quantas vezes você julgou ter pensado sonhar saindo do leito e atravessar paredes, pelo fato de desejar estar em outro cômodo, ou ainda deslocar-se para lugares diferentes e encontrar pessoas e depois reconhecê-las quando no estado de vigília!?... Os fenômenos chamados psíquicos ocorrem nos domínios do espírito, que, por suas características, durante sua vida física não se acha encerrado e definitivamente preso ao corpo como numa caixa inviolável. Em determinadas circunstâncias é passível de desprendimento, parcial ou global, e goza da liberdade que lhe é própria de quando antes ou depois de sua investidura no corpo e sujeito às contingências deste.

– Considerando o que me ocorreu, há duas noites... – interveio Bjorn –... achava-me fora do corpo!

– Achávamo-nos, ambos, fora do corpo. Por isso nos foi possível estabelecer uma relação mental e, se você tivesse maior experiência, teria visto seu próprio corpo relaxado enquanto permanecia de pé.

– Isto significa que para este tipo de relação é sempre necessário sair do corpo?

– Não necessariamente. Poderia ter havido, tão somente, uma expansão da consciência, durante o transe sonambúlico. Você permaneceria deitado ou recostado, conforme o caso, justaposto ao corpo, mas com a possibilidade de imediato desdobramento, se desejasse ou fosse necessário.

– E se eu lhe tocasse, sentiria consistência?... – insistiu Bjorn. – E você sentiria o meu toque?

– A resposta é sim para as duas situações, sabendo-se que estávamos, ambos, numa mesma dimensão de frequência, entretanto, a sensação de toque também ocorreria se, de sua parte, não acontecesse transe e eu tivesse densificada minha vestimenta espiritual. Assim eu seria visto, também, por outras pessoas que ocasionalmente o acompanhassem naquele instante. De modo semelhante aconteceu quando, em 'sonho', você visitou Silvia. Estou falando das referências à página vinte e oito do livro que ela estava lendo, compreende?

– Compreendo, Mestre, e isto me leva a inúmeras considerações de ordem filosófica, moral e até religiosas...

– Não se apresse. Por enquanto atendamos ao gentil convite do administrador. É preciso descansemos todos...

Em seguida o Mestre abraçou a Bjorn e beijou Silvia, paternalmente, e foram-se para seus respectivos aposentos.

9. O Intruso

A casa mergulhara em profundo silêncio quebrado somente pelo som de alguns insetos noturnos que viviam aclimatados àquela biosfera, mas Bjorn não dormia. Pensava nos últimos acontecimentos, nas informações claras do Mestre, no encontro com Silvia... Era bom pensar nela. Enfim, sentia paz, no coração. Leve torpor começava a invadir-lhe todo o ser.

Repentinamente, toda a casa inundou-se de uma espécie de frequência que, embora inaudível, despertou a todos. Reunidos na sala maior, receberam a informação do servidor que os atendera:

– Alguma coisa aproximou-se demasiadamente e invadiu a área de segurança em torno da biosfera e os sensores de presença dispararam o alarme, que emite ultra-sons, numa frequência de tal forma modulada que não causa estridências ou alarido desnecessários, mas que é capaz de despertar sem causar danos ao sistema nervoso. Vamos para a sala de vigilância permanente, pois o administrador já deve estar lá!

A sala de vigilância permanente era constituída por equipamentos eletrônicos e monitores de vídeo acoplados ao sistema defensivo de vigilância externa. Num dos monitores, verificou-se que alguém estava aprisionado numa das diversas armadilhas magnéticas do sistema.

Ante o olhar inquisitivo de todos, o administrador apressou-se em esclarecer:

– As armadilhas magnéticas são muito eficientes. Quando intruso penetra no círculo defensivo, um sensor de presença faz disparar o mecanismo eletrônico, que gera, em torno do invasor, um campo de alta frequência agindo no seu sistema nervoso, paralisando-o, de certo modo, de tal forma que, mesmo após desligado, a ação é prolongada e o indivíduo fica com os movimentos lentos e bastante limitados, sem perder a consciência e noção das coisas.

– E os prejuízos orgânicos resultantes?... – preocupou-se Silvia.

– A carga é perfeitamente suportável, sem causar danos, porque é acionada em dosagem correspondente ao volume do corpo... – esclareceu o administrador.

Como ninguém fizesse mais perguntas, ele adiantou-se: – Vamos ver o que apanhamos!

Tocada a tela de trinta polegadas, a imagem foi-se ampliando enquanto perdurou o toque e deixou ver um homem jovem de olhar ferino, sujo e de cabelos longos, desgrenhados e barba rala, a pele morena de sol, com manchas violáceas e marrons, o corpo coberto por vestimenta surrada e semelhante ao couro, os braços e pernas desnudos com cicatrizes e escara, os pés calçados por espécie de bota grosseira; na cintura estranha arma e, à tiracolo, um pesado bornal de mesmo tecido da roupa.

O rapaz foi recolhido pelos seguranças da milícia local e conduzido impiedosamente a pancadas; o administrador não se conteve e, pelo sistema de amplificação de voz, ordenou, com energia:

– Parem imediatamente e conduzam-no até a sala de segurança! Ele está indefeso. Não o maltratem!

– Quem será essa criatura nesse estado? – perguntou Alex.

– É um dos Filhos da Luz! – respondeu o administrador com acento lamentoso na voz. A porta da sala se abriu e o prisioneiro, caminhando com certa dificuldade, entrou e caiu bruscamente ao chão, sob violento empurrão de um dos seguranças.

– Não façam isto, por favor!... Deixem-no conosco!

– Mas, senhor administrador... – falou o homem que havia empurrado o jovem –... ele é perigoso!...

– Podem deixá-lo conosco!... Sabemos o que fazer!... Obrigado. Se necessário nós os chamaremos novamente!...

Os seguranças retiraram-se fechando a porta atrás de si.

Tracy e Alex ajudaram-no a erguer-se e, com cuidado, deitaram-no num sofá. Seu olhar era de ódio e, sobretudo, de desconfiança.

– Dra. Silvia, sei que podem cuidar dele. Usem dos medicamentos que possuímos, em nosso estoque, para casos como este. Garanto-lhes que este acontecimento foi providencial e é o primeiro passo que contribuirá com suas tarefas futuras. Vocês descobrirão por quê. Os demais poderemos nos recolher, pois nossa presença em nada poderá acrescentar ao trabalho dos três.

Silvia foi ao armário onde se lia "Farmácia" e escolheu um dos frascos que continha uma substância gel esverdeada. Aproximou-se do sofá, acompanhada dos dois amigos e do rapaz, ainda sob o efeito paralisante da armadilha e que, com grande esforço, tentou se encolher em atitude defensiva. Estava sob forte tensão. Olhando-o demoradamente nos olhos, tentando comunicar confiança, Silvia falou-lhe com serenidade:

– Suas feridas são muito doloridas e sei que periodicamente nas articulações ficam insuportáveis. Vou aplicar-lhe um medicamento que vai aliviar, por hora, as irritações e ardores das escaras. Não tenha receios! Não é nossa intenção fazer-lhe mal, senão você teria continuado nas mãos dos seguranças.

O rapaz demonstrava não acreditar nas palavras de Silvia, que, lentamente e com muita calma, apoiou sua mão sobre a testa suarenta e continuou:

– Mas é preciso relaxar! Vamos, acalme-se! Você nada tem a perder em experimentar um pouco de confiança!

Ao contato daquela mão suave e carinhosa, ele cerrou os olhos. Parecia mais calmo. Silvia foi limpando uma a uma as feridas, com uma pasta anestésica, removendo os resíduos de tecidos danificados e aplicando, em seguida, um medicamento curativo, ligeiramente pastoso e aderente. Primeiro no rosto, braços e pernas e, por fim, nas costas em maior quantidade.

Durante a aplicação, ele esquadrinhava o rosto de Silvia, que permanecia sereno sem qualquer demonstração de asco ou repulsa, apesar do aspecto. Suas feições perderam um pouco da ferocidade, mas logo recuperou a atitude ofensiva quando Tracy lhe dirigiu a palavra:

– Vamos conversar um pouco, meu amigo!... – e o diálogo prosseguiu entre a rispidez do rapaz e a naturalidade, sem afetação, de Tracy.

– Não sou nem pretendo ser amigo de vocês! Todos são meus inimigos!

– Isto não importa. Nós somos seus amigos, não temos razões para considerá-lo de outra forma.

– Então por que estou aqui sob seu jugo?

– Você invadiu uma área de propriedade particular, a segurança o deteve para averiguações. E, até que o efeito paralisante passe, tentaremos provar que não somos inimigos. Quem é você?

– Não importa o meu nome!... sou um “terminal” e terminal não tem nome!... – exclamou ele com respiração ofegante.

Ante o olhar de estranheza de Alex, Tracy esclareceu que, entre os Filhos da Luz, as chagas ao tomarem aquela cor violácea significam um rápido e doloroso processo degenerativo, terminando por morte muito sofrida. No seu código social consta que quaisquer dos seus que entrem nesta fase, sem exceção, são abandonados para morrerem sozinhos, porque representam uma boca a menos para comer... Não há piedade! Daí o cognome de 'terminal'.

Os olhos de Alex e de Silvia encheram-se de lágrimas. O fato não deixou de ser percebido pelo terminal, contudo, não demonstrou qualquer sensibilização, permaneceu impassível, mas falou com a mesma rudeza:

– Vocês são uns fracos!

– Não somos fracos nem fortes, meu amigo, somos iguais a você!!... – respondeu Alex sem alterar a voz!

– Estão loucos!... Olhem para vocês e olhem para mim!... Onde a igualdade? Como podem, de cara limpa, dizerem-se amigos se pretendem dizimar, destruir o nosso clã?

– Você está enganado, amigo!

– Seus soldados nos caçam como a animais e, em represália, nós sequestramos, destruímos. Vocês são saudáveis e nós já nascemos estigmatizados... mas nossa vingança será terrível. Vocês tem a força dos armamentos, nós temos a astúcia. Para cada um que morre, nós colocamos quatro no mundo. A procriação em massa é a lei maior, nossas mulheres muito cedo podem procriar. Em breve... "meu amigo"... seremos tantos quanto vocês e, antes da honra do nosso holocausto final, destruiremos a todos... a todos!...

– E por que você nos conta isto?

– Por divertimento, pois ninguém, nenhum de vocês acreditaria numa estratégia tão simples. Nosso líder é um gênio!

– E como ele chegou a esta decisão?

– Psicologia de massa. Há muito as estatísticas indicam um crescimento vegetativo baixíssimo no mundo.

– Vocês estão mesmo determinados!

Silvia demonstrou a Alex, pelo olhar, não compreender o encaminhamento do diálogo por parte dele, tão frio, mas ele fez-lhe um sinal que aguardasse, dando mostra de tranquilidade e segurança.

– Há muitos outros Filhos da Luz não estigmatizados... – prosseguiu o rapaz, com ênfase e braveza –... não trazem, no corpo, as marcas da nossa redenção, não tem a herança da grande luz, no entanto as trazem dentro da alma e comungam com nossos ideais. Estão infiltrados em seu meio. Amanhã terão uma surpresa e demonstração do que somos capazes.

– Como?!... – interrogou Alex, interessado, mas o terminal preferiu silenciar e acrescentou:

– Pode torturar-me o quanto quiserem, nada falarei!

– Você continua enganado quanto ao nosso propósito. Não tiramos as suas razões, pois nunca se deparou frente a frente com um de nós e não está habituado a este tratamento. Alguém, maldosamente, os tem mantido na ignorância alimentando o ódio desnecessário, principalmente quanto ao interesse em dizimá-los.

"Não é preciso fazer esforço de memória para constatar que há um ano nossos militares não fazem quaisquer tipos de incursões. Quando o administrador tomou conhecimento das atrocidades realizadas, puniu e excluiu os faltosos, recolheu a todos dos postos avançados, reduziu drasticamente o efetivo para limitar sua ação aos postos estratégicos de defesa das cidades. Não há mais ataques ou prisões indevidas.

Alex falava com paciência e sinceridade. Tracy, aproveitando-se de uma pausa argumentou:

– Você referiu-se, com revolta, à nossa saúde. Mais um engano. Somos todos iguais, temos os mesmos sintomas que vocês e, durante décadas, sofremos igualmente, no entanto, verificamos que a higiene, a limpeza, os cuidados recomendados, a não demasiada exposição aos raios solares filtrados na atmosfera com alta dosagem de infravermelhos e a medicação adequada nos tornaram saudáveis.

– Mentira!... Esta doença não tem cura!

Tracy nada respondeu, porém, significativamente, levantou a manga de sua blusa deixando à mostra grande cicatriz no antebraço esquerdo, Alex, por sua vez, mostrou os braços e o peito com as cicatrizes características da doença, quando Silvia perguntou, fazendo-o pensar:

– Melhoraram as dores, meu amigo?... Você está respirando melhor?... – fazendo-o pensar. Ele levou algum tempo para responder e o fez entre dentes:

– Sim... Melhorei...

– Não desejamos convencê-lo de coisa alguma, apenas argumentamos com a verdade e apresentamos fatos reais e concretos. Acredite ou não, seu líder tem transmitido este ódio aos seus seguidores e, periodicamente, faz 'lavagem cerebral'. Você não pode negar que, de três em três horas, durante o dia e duas vezes durante a noite, quatro vezes por semana, são obrigados, sob pena de castigos, ao recitativo coletivo do "juramento de ódio". Não há tempo de racionalizar para um julgamento pessoal, individual de mérito, em função do monoideísmo provocado. Há uma intencionalidade em tudo isto, em mantê-los na ignorância. Isto não é justo nem honesto.

– Não acredito!... É impossível!... – falou o jovem sem muita convicção.

– Você nos parece honesto porque é fiel aos princípios aos quais jurou fidelidade. E é confiando nessa sua honestidade que oferecemos condições para sua reabilitação. Por fim, a decisão será sua!

– Minha decisão!?... Ora, não venha com sofismas, doutora, sou seu prisioneiro e aguardo o momento em que iniciarão a sessão de tortura! Mas estou preparado!... Podem começar!... – falou o intruso com a mesma arrogância e desprezo pela vida.

– Você insiste em permanecer enganado, meu amigo. Daqui a pouco você será solto. Não temos o direito nem razão para mantê-lo prisioneiro.

A expressão dos olhos do intruso passaram da incredulidade para o espanto.

– Não sei quem é você, mas sua fisionomia está marcada em minha memória. É como se o conhecesse há muitos anos...

– Posso assegurar... – prosseguiu, Silvia –... que nem todos vocês nascem contaminados. A maioria nasce saudável e você, como tantos outros, foram contaminados criminosamente a fim de que o clã não se desfaça.

– De que você esta falando doutora!? – reagiu o intruso, indignado – Isto é uma indignidade de sua parte!

– Do batismo, meu amigo, do batismo... Vou ativar sua memória de modo que não acrescentarei qualquer comentário adicional a fim de que você fique com sua própria consciência. Por isso que eu disse ser sua a decisão.

"Quero esclarecer e alertar, também: você voltará para o clã, pois a assepsia e a medicação que lhe aplicamos paralisarão o processo degenerativo e sua respiração apresentará sensível melhora, mas tudo por algum tempo. Pela debilidade que o seu quadro apresenta, você necessitará de tratamento mais enérgico daqui a algumas semanas, senão todos os sintomas voltarão...

O rapaz permanecia em silêncio, pois não podia acreditar que nada de mal ocorreria e que aquela pessoas insistiam em sua libertação. Quebrando o prolongado silêncio, Tracy prosseguiu:

– Você voltará para o seu grupo, no entanto, é preferível omitir-se quanto ao que lhe aconteceu para não sofrer represálias. De início, ninguém perceberá nada porque a cicatrização definitiva leva alguns dias, mas quanto aos sintomas e às dores, um tanto aliviados, amanhã terão desaparecido.

– E o batismo, Silvia! O que significa?... – perguntou Alex, interessado.

– Quando as crianças alcançam um ano de idade, é feita uma cerimônia coletiva. Até então não existe nenhum indício de contaminação, que surgirá, naturalmente, pela promiscuidade, falta de higiene e prolongada exposição aos fatores que geram os males, principalmente os raios solares, todavia eles aceleram o processo.

"O ritual é iniciado com um cântico 'sagrado', monocórdio, que provoca um estado de transe hipnótico, seguido da ingestão de beberagem considerada poção mágica (nossas análises laboratoriais indicaram ser anestésica e psicotrópica). A seguir, provocam pequenas, superficiais e múltiplas incisões nas crianças, em várias partes do corpo, e os mais velhos procedem ao que chamam de "o abraço de luz", que é, na realidade, a fricção corpo a corpo das chagas de uns com as incisões dos outros. A contaminação é fatal, embora, quando surgem as primeiras feridas, ninguém mais estabelece a relação das mesmas com o "abraço de luz". Você, amigo, que presenciou isto muitas vezes, também foi contaminado quando criança.

O invasor, boquiaberto, perguntou, visivelmente irritado: – Como você sabe dessas coisas?... Quem lhe contou?... Quem traiu os sagrados códigos secretos?...

Silvia olhou-o com compaixão e disse-lhe com serenidade:

– Você, Jarel!... Você mesmo está me contando! Não é este o seu nome? Está tudo em sua mente e, à medida em que falamos, suas lembranças vão aflorando.

Ele nada respondeu.

– Agora, Jarel, vamos provar a você duas coisas, mas em primeiro lugar você vai se alimentar. Pela manhã terá muito que caminhar. Levante-se e venha conosco!

– Mas vocês não tem medo que eu os ataque? Nossos ataques são conhecidos pela destreza, velocidade e violência!... – interveio o invasor.

– Não, Jarel, não temos medo, pois, além de você não ter razões para atacar, já percebeu que não representamos ameaça e que não somos inimigos. E mais ainda – acrescentou, sorrindo. – Se você desejasse nos atacar, já o teria executado, uma vez que os efeitos paralisantes já cessaram há dez minutos.

Jarel levantou-se sem dificuldades. Silvia pegou-o pelo braço e ele se deixou levar. Após saciar-se, disse, com a rispidez característica, mas sem agressividade:

– Desejo retirar-me logo! Posso?

– Pode, sim. Agora mesmo.

Alex acondicionou alguns alimentos e Tracy entregou o bornal que se encontrava próximo ao sofá, sem abri-lo.

Silvia chamou um dos seguranças e, para seu espanto, pediu-lhe que acompanhasse o rapaz até a saída, sem quaisquer impedimentos. Jarel saiu de cabeça erguida, sem despedir-se e sem se voltar.

Após a saída do intruso, os demais voltaram à sala acompanhados pelo administrador. Silvia, Alex e Tracy estavam silenciosos sob o impacto de forte emoção e foram abraçados com alegria pelos seus companheiros. O administrador adiantou-se e esclareceu:

– Saldo positivo, amigos! Foi necessário o confronto com Alex e Tracy para avaliarem o que vão enfrentar. A experiência e os valores psíquicos da doutora Silvia aplicados no momento certo serviram de exemplo de uma ação benéfica. Ele jamais esquecerá esta noite, pois está abalado com as informações da doutora Silvia, até então secretas, com o tratamento carinhoso e fraterno, desconhecido, com o alívio de suas dores incessantes e a libertação. Por outro lado, a bondade acompanhada da energia, a segurança junto à humildade e a honestidade ao lado da certeza são capazes de dominar sem exigir, pela força moral. Guardem a lição de hoje, uma vez que defrontar-se-ão com inteligências mais agudas e maldosas, em situações as mais anômalas, e sem a doutora por perto. Agora vamos todos aproveitar o restante da noite para descansar. Pela manhã termos novas surpresas.

10. Desmascaramento

Às nove horas da manhã, o auditório da Magna Academia achava-se com todos os lugares tomados. Os auditórios menores e as salas de apoio repletavam-se muito mais que no dia anterior.

O administrador adentrou ao palco e assumiu a coordenação dos trabalhos, sob os aplausos do público e, em seguida, convidou o dr. Falcon e Alex para comporem a mesa, que da mesma forma foram aplaudidos, numa demonstração de carinho.

Após as saudações de praxe, o administrador informou que, inicialmente, as perguntas do público seriam direcionadas especificamente a um ou outro orador e, após decorrido o tempo permitido, cada um dos debatedores teria cinco minutos para as palavras finais. De forma solene, sentenciou:

– Este debate, senhores, é histórico e o resultado positivo vocês poderão perceber somente daqui a algum tempo. Aproveito para dedicar esta sessão de intelectualidade aos "Filhos da Luz", na esperança de que um dia venhamos a nos abraçar como amigos e como irmãos, sem qualquer sentido de caridade, indulgência ou piedade, mas como um ato natural e espontâneo, considerando que, em verdade, filhos da luz somos todos nós, porque temos as mesmas origens. Assim como nossos caminhos divergiram, um dia, e, hoje, marcham em rotas paralelas, aguardo, com ansiedade e esperanças, que venham a convergir, mais adiante.

O administrador calou-se, emocionado e considerou aberta a sessão.

As primeiras perguntas do público foram dirigidas a Alex, em declarada oposição, e ele as respondia com elegância, precisão, sempre aguardando alguns segundos antes de responder.

– Senhor Alex!... O que o faz tão especial para ter a ousadia de enfrentar o doutor Falcon?... Penso que não é apenas ousadia, chego a pensar em falta de respeito!... – perguntou agressivamente uma senhora da ala esquerda do auditório.

– Esclareço à senhora que não sou especial nem estou interessado em afrontar o dr. Falcon para promover-me diante do público. Guardo pelo estimado doutor um profundo respeito, pela honestidade com que encara as ciências, e admiro sua lucidez e inteligência. Estamos do mesmo lado, embora com interpretações divergentes. Ambos não sabíamos com quem nos defrontaríamos, aqui, em público, e, mesmo que soubéssemos, qualquer recusa ao convite de participação seria um desrespeito a tão honroso convite formulado pelo administrador.

– Alex!... Posso chamá-lo assim?... – perguntou, um homem alto e magro, um pouco a frente da primeira inquiridora.

– Pode sim – e, virando-se para o auditório: – Todos poderão nomear-me desta forma, se o desejarem.

– Então responda-nos – prosseguiu ele. – Na sua fala de ontem, você insinuou que o dr. Falcon era a favor da autodestruição da humanidade. Estou certa?

– Não fiz a insinuação apontada. Eu afirmei que concordava com ele que a destruição era uma lei natural presente na Terra e, acrescento, em todo o universo. E considerei-a não como um setor de senoide, expressando-se em começo, meio e fim; ampliei, contudo, o conceito de que o aparente fim de um ciclo senoidal, na linha de base, era o começo do desenvolvimento de outro setor unido ao anterior e, assim, indefinidamente, concluindo, desta forma, que, ao lado da destruição natural, sempre surge a renovação.

– Alex – sinalizou um jovem estudante no fundo do auditório –, tenho, também, grande admiração por dr. Falcon e já li todas as suas obras e, pelo seu pronunciamento de ontem, não vejo como vocês estariam do mesmo lado.

– Estamos do mesmo lado porque ele, pleiteando um processo de acomodação das atitudes humanas ou de compreensão de todos os fatores que levam o indivíduo à morte, e eu, pugnando por uma postura exuberante e dinâmica diante da vida, queremos, ambos, a serenidade, a dignidade e a paz para a humanidade. Quero reforçar que não me refiro a uma determinada espécie que num processo puramente animal vem perpetuando sua espécie, na evolução de um programa genético a esgotar sua possibilidades, algum dia, mas enfatizo a importância de um ser dotado, desde a sua origem, de uma programação que age e reage diante de infinitos padrões comportamentais e físicos, em toda a amplitude de um livre arbítrio, com um destino mais nobre e consoante com a inteligente complexidade de sua criação, definido mas não limitado.

– Pelo que você colocou – continuou o mesmo jovem que havia chegado um pouco mais para a frente, no auditório –, evidencia-se ser frontalmente contra os Filhos da Luz. Você não acha que são fiéis à sua filosofia e podem ser considerados heróis?

Alex demorou-se um pouco mais, meditando, e, ante o total silêncio que se fizera, respondeu:

– Conheço o drama dos Filhos da Luz e, embora não concorde com sua violência que aparentemente lhes dá uma razão para viverem, compreendo, em todos os sentidos, a sua postura. São dignos de nosso respeito, pois, na qualidade de seres humanos, são iguais a nós e, se tiverem os mesmos deveres, terão, também, os mesmos direitos, sem restrições, por uma questão de justiça distributiva. Muitos referem-se aos Filhos da Luz como "*eles*", "*outros*", como párias e excluídos por aquele a quem chamamos "*nós*", "*os do lado de cá*", em nítido antagonismo. De certa forma, em nosso silêncio, gostamos que as coisas permaneçam como estão.

"Vejo claramente que, até antes deste debate, uma doença coletiva abatia-se qual virulenta epidemia, quando uma enorme e interminável apatia coletiva com relação ao futuro conduzia a um processo de degeneração. Olhem para vocês mesmos, com honestidade, e verão que até assim não nos diferíamos dos Filhos da Luz. Quanto aos verdadeiros atos de heroísmos, estes exigem a coragem da fé consciente, diferentemente dos atos temerários. A consciência elevada não pode compactuar com as atitudes impulsivas advindas da dor e do abandono, da tristeza e da angústia, da auto-entrega e de toda a sorte de privações como atos heróicos, e sim com a tenacidade e persistência, a coragem e a fé. Os atos de heroísmo jamais vêm do ódio ou da malquerença.

"Se, definitivamente, considerarmos os Filhos da Luz como heróis de nossa era, poderemos considerarmo-nos, inapelavelmente, como covardes."

– Dr. Falcon!... – um senhor, passado da meia idade, bem próximo ao palco, chamou com certa impaciência a atenção do cientista. – Dr. Falcon!... Dr. Falcon!... por favor!...

– Sim.

– Os Filhos da Luz, cujas características todos conhecemos, desenvolvem, em seu modo de vida, toda uma dinâmica de destruição e buscam uma multiplicação desesperada com este fim e, paradoxalmente, buscam a autodestruição, melhor dizendo, não se preocupam e não levam em consideração o mínimo de auto-preservação. E dizem basearem seus princípios na sua filosofia, dr. Falcon. O que o senhor tem a dizer?

O cientista virou-se para o administrador e segredou-lhe algo e ele, levantando-se, dirigiu-se à assembléia :

– Senhores!... Submeto à sua aprovação a proposta do dr. Falcon. Ele pretende responder a quaisquer perguntas ao final, quando, por último, faria seu pronunciamento. Informo que Alex não se opõe. No entanto, o caráter de assembléia tem soberania para decisões desta ordem. Por favor, em todas as telas surgirão 'sim' e 'não'. Bastará tocar numa das opções que o voto será registrado e automaticamente os resultados irão surgindo, logo em seguida.

Dois minutos depois, o administrador voltou a falar:

– Pelo que se pode ver dos totais, o índice de noventa e dois por cento favoráveis permite considerar aprovada a proposta do dr. Falcon. Continuemos, com a palavra o último inquiridor:

– Desejo apresentar para o senhor Alex uma questão muito delicada. Vivemos aqui, na Grande Academia, o "jogo da verdade". Explico-me: acompanho com interesse e atenção o desenrolar do debate, desde o primeiro dia e ocorrem-me, por consequência, várias ilações... – e o homem, com acentos extremamente irônicos, prosseguiu...

– O governo, inexplicavelmente, assume o debate como a camuflar algum interesse escuso...

"Percebe-se uma excessiva valorização da Biosfera III...

"Vejo referências elogiosas ao *centro da filosofia da vida*...

"Identifico nítida pressão intencionalmente destrutiva sobre as ideologias dos Filhos da Luz...

"Sinto objetivos escusos na participação do ilustríssimo dr. Falcon, pois parece-me a mim desejarem desmoralizá-lo...

"Há uma sutil exaltação ao jovem... promissor... senhor Alex!...

"E o povo, aqui, inocente, conduzido e manipulado...

"Parece-me tudo muito bem arrumado. Não é estranho e, ao mesmo tempo, curioso? Responda, senhor Alex! Responda, senhor Alex!" – concluiu o homem, quase aos gritos, tal a sua inflexão.

Uma comoção de desconforto percorreu o auditório, causando constrangimento e nervosismo.

– Cada um que surge vindo não sei de onde... – exclamou Alan, bastante irritado.

– São insinuações absurdas! – completou Pandiá, mais irritado ainda.

– Calma, amigos, é importante que tudo venha à tona, todos os resquícios ou premissas falsas a fim de que sejam extirpadas – acrescentou Tracy.

– Ele se sairá bem – interrompeu Bjorn. – Não vamos entrar na frequência mental desse homem. Ao contrário, somemos nossas energias em torno do Alex. Silenciemos, por agora.

Alex abaixou a cabeça por alguns segundos, levantou-a e, a seguir, percorreu com o olhar todo o auditório com impressionante serenidade. Cerrou os olhos por alguns segundos, abriu-os, encarou fixamente seu interlocutor e falou pausadamente:

– Nós não nos conhecemos e nunca nos vimos?

– Não, senhor Alex!

– Mas seu nome é Pelier!

– Sim, meu nome é Pelier...

– Pois bem, senhor Pelier, a questão é muito delicada e exige que o "jogo da verdade" se estabeleça pleno. Mas a verdade, por vezes, fere e expõe as pessoas a situações muito difíceis. Por isto sinto certo constrangimento em oferecê-la ao público, embora compreensivo e bom.

– Não se acanhe, senhor Alex... Se o público é como o senhor diz, não deve haver constrangimentos em expor-se. Fale e ouviremos!...

– Senhor Pelier, será profundamente lamentável para nós ambos e muito doloroso para mim ter que colocar para o auditório as razões de sua postura e de seu questionamento, neste instante!...

– Prossiga, senhor Alex. Estamos ansiosos por sua verdades! – expressou-se Pelier com segurança, ironia e sorriso de mofa nos lábios.

– O senhor refere-se, pela ordem de questionamentos, ao administrador, à Biosfera III, ao *centro da filosofia da vida*, aos Filhos da Luz, ao dr. Falcon e, finalmente, ao "jovem promissor Alex". Eu responderei em duas etapas. A primeira a que se refere aos aspectos esclarecedores que permitam satisfazer-lhe as dúvidas levantadas quanto à lisura do debate. Garanto-lhe que serão convincentes. A segunda etapa refere-se a fatores não visíveis mas que por sua insistência serão revelados.

– Adiante, meu caro jovem, e, se possível, sem rodeios!

– O senhor tem toda razão quando afirma que o governo assumiu o debate e...

– Então você concorda comigo!...

– Deixe-me completar, por favor! O governo assumiu o debate por proposta e decisão popular, no pleno exercício do livre direito constitucional, na forma mais pura da democracia. E, nestes dias de debates, é visível a confirmação dos noventa e oito por cento favoráveis à sua realização. Em toda parte, o comparecimento maciço, todos os auditórios da Academia lotados; as ruas obstruídas, onde se instalam os megatelões, as esquinas, as residências. As estatística já foram levantadas e confirmaram os prognósticos... A Biosfera III silenciosamente trabalha pela criação de processos rápidos de otimização e obtenção da água, alimentos, vegetação, oxigenação e despoluição da atmosfera, com seus próprios recursos. Isto é um atestado eloquente de sua posição quanto ao tema – "Razões para a vida; o *centro de filosofia da vida*". Auscultando o pensamento e os anseios populares, em todo o mundo, a Administração viu-se na contingência de absorver a discussão do tema e abrir espaço para abri-la em todos os seus segmentos para a livre manifestação de seguidores ou não. Os Filhos da Luz não estão sofrendo pressões, e eles, que nos estão assistindo, neste momento, poderão atestar que há um ano não recebem quaisquer intromissões de atividades militares, porque o governo caçou aos militares a independência e a autonomia, colocando-os no serviço de defesa, apenas. Na verdade, nunca houve interesse em extirpar os Filhos da Luz da face da terra, pois são também merecedores de atenção, respeito, carinho e solidariedade.

– Mas você não tem motivos para defender o governo, dessa forma!

– Senhor Pelier!... Eu tive a honra de pernoitar na casa do administrador e, em plena madrugada, foi aprisionado um jovem do grupo que se intitula Filhos da Luz que invadiu o circulo defensivo da residência e vi, com meus próprios olhos, e de mais testemunhas, esse homem ser tratado em suas feridas, aliviadas as suas dores, o oferecimento de farta alimentação e, depois, a sua colocação em liberdade.

"Relativamente ao dr. Falcon, ele está aqui por seus valores: sua competência e honestidade. Ela jamais seria desmoralizado e qualquer tentativa neste sentido seria frustrante e ridícula. Quanto ao "jovem promissor Alex", devo silenciar.

"É preciso continuar, senhor Pelier, ou o senhor considera esclarecidas as insinuações que tentam mascarar sutis acusações?..."

– Já que insiste, senhor Alex, pode considerar meus questionamentos como reais acusações!... – falou com indisfarçável irritação, insistindo com perguntas: – E os tais fatores "não visíveis", que mais me parecem engodo para não ter que se explicar, senhor Alex? Não deixe o nosso público curioso!...

– Vou-lhes contar uma história, senhores – expressou-se Alex, dirigindo-se ao público, com o cenho carregado –, pois tomo conhecimento dela, agora, uma vez que o senhor Pelier oferece-me todos os dados. Sua mente é um livro aberto:

"Há alguns anos, entre dois mil trezentos e oitenta e dois mil trezentos e oitenta e cinco, um casal dotado de valiosos recursos psíquicos foi sequestrado por dois homens que participavam de um perigoso grupo que se preparava para deflagrar grande operação política de dominação em vários países do mundo. Conhecedores profundos dos fenômenos de paranormalidade, pretendiam explorar o casal em espionagem industrial, política, outras atividades escusas e de invasão de privacidade. No auge dos processos de tortura, por negarem-se a compactuar com o mal, e pressentindo o seu fim próximo, conseguiram, através do desdobramento da personalidade, avisar à família que cuidava de sua filha para fugirem com urgência. Não era segredo que a menina herdara dos pais os mesmos dons psíquicos e era inevitável que ela seria também sequestrada e condicionada, no curso de seu desenvolvimento, a atender aos seus propósitos.

"A menina foi salva a tempo e mandada para a Suíça. Anos depois, quando já crescida, os dois sequestradores conseguiram descobrir seu paradeiro e lá assassinaram seus pais adotivos, porque negaram-se a dizer onde ela se encontrava. Ela fugiu para a França, despistando, mais uma vez, seus perseguidores, graças à sua invejável inteligência e sua aguçada paranormalidade. Estudou, desenvolveu-se e tornou-se especialista em várias ciências.

"Apesar da perseguição continuar, não mais conseguiram localizá-la. Os dois homens separam-se para cuidarem de seus interesses próprios e um deles perambula por quase toda a Europa, arregimentando recursos financeiros e executando certos 'trabalhos' escusos com base em seus elaborados conhecimentos científicos.

"Empregando sutis manobras políticas, tentou eleger-se administrador com objetivo de domínio e de enriquecimento ilícito, para atender à sua ganância desmesurada, mas os comitês não permitiram a candidatura por ele não possuir todos os requisitos exigidos e aqueles outros apresentados não tinham comprovação de credibilidade, o que foi conseguido, honestamente, pelo nosso atual administrador. Mesmo assim, ele fez inúmeras tentativas de participação do governo, entretanto não foram claramente identificadas suas verdadeiras intenções, então, o nosso administrador sabiamente, com habilidade e argumentos, para não expor aquele homem à humilhação, vetou sua entrada, apesar das promessas de alta compensação financeira, mais conhecida como suborno."

A esta altura, enquanto o público, em silêncio, com vivo interesse, acompanhava e aguardava o desfecho da narrativa, o homem mostrava-se cada vez mais inquieto e nervoso.

"Mal começara o desenvolvimento do projeto da Biosfera III, ele tomou conhecimento e tentou participar da equipe de trabalho como observador e, consequentemente, como espião, todavia, foram feitos testes especiais, sem que soubesse, e ele foi rejeitado. Nesse ínterim, mudou de identidade e de feições, o que conseguiu com grande êxito, eliminando àqueles que com ele compactuaram e que um dia poderiam identificá-lo. A partir daí, intensificou suas clandestinas ligações com os Filhos da Luz, aproveitando-se de seus sofrimentos para transferir o seu ódio e estimulando-os a odiarem, além de fornecer-lhes armamentos com vistas à formação de um exército mercenário ao seu dispor quando precisasse. Inteligentemente fez, por manobras, o comandante-em-chefe do grupo mais importante dos Filhos da Luz, seu velho companheiro de crimes, de moral mais enfraquecida, revoltado por encontrar-se em condições físicas semelhantes aos seus comandados. Sua argúcia levou-o a fazer infiltrações nas Forças Armadas, tendo em sua folha de pagamentos alguns postos importantes, e com isso ordenava ataques aos grupos dos revoltosos, sem eliminá-los, mas infligindo-lhes pesadas humilhações e castigos com o fim de alimentar o ódio existente em suas almas.

"Vejo, amigos, todos estes fatos como se minha mente fosse uma tela de projeção e tudo se desenrola com uma clareza que me assusta.. Mas vejo, também, que o administrador pressentiu o processo de degeneração nas Forças Armadas sem identificar o foco principal, mas deixou-se levar, confiante pela intuição que lhe é peculiar e desmontou o comando, procedeu o desarmamento e recolheu todos os grupos de fronteiras, por desnecessários..."

Alex fez ligeira pausa e o homem não mais escondia sua ansiedade e seu desagrado. Ele não era mais o centro das atenções e não podia fazer nada.

Alex transformara-se, agigantara-se e não mais parecia apenas o jovem inteligente e promissor. Respirou fundo e continuou:

"Apesar do término dos períodos de barbárie no mundo, o homem traz em seu íntimo, acesos, seus impulsos e tendências belicosas para o domínio e a escravidão. Como se não bastasse, esse homem percebeu, com antecipação, o crescimento dos *centros de filosofia da vida* e lá infiltrou-se, mas à época de sua candidatura viu-se obrigado a afastar-se porque a instituição é isenta de fins político-partidários.

"Voltando à Biosfera III, além do interesse de espionagem e a promoção de atos de sabotagem, suas investigações fizeram-no concluir que, dentre os técnicos mais avançados, achava-se, adulta, a menininha que anos antes frustrara todos os intentos em raptá-la e eliminá-la e saíra da Biosfera III sem uma identificação positiva.

"Sua mente doentia não para aí. Distorce o pensamento filosófico do dr. Falcon e comunica-o aos Filhos da Luz, fazendo-os crer num suposto apoio de alguém de fora de seu clã, envolvido na sociedade e na vida pública, à revelia do dr. Falcon que até agora ignorava este fato."

– Você, Alex – esbravejou Pelier, grosseiramente quase apoplético –, criou, com muita dose de inteligência, um personagem fictício, sem nome e nenhuma relação com minha proposição com o único fito de desviar-se do tema, ridicularizando a inteligência do público com um história inverossímil. E tão bem articulada que conseguiu paralisar a todos. Há uma perda de tempo precioso e pretendo...

– Não pretende nada, senhor!... – interveio o administrador na coordenação da reunião. – O orador questionado ainda não concluiu. Por favor, aguarde sua vez e então poderá falar!

A pronta e enérgica intervenção do coordenador fez novamente silenciar o público, que já se tumultuava em resposta à provocação de Pelier, mesmo assim ainda gritou, seguro de si:

– Qual o nome?... Só falta o nome!

– Seu nome verdadeiro, senhor Pelier, é Paul Hampton!...

Pelier sorriu feliz e acrescentou:

– Um nome qualquer que ninguém conhece!...

– Ninguém conhece por ser verdadeiro, pois para cada lugar havia um nome falso... – e Alex, pausadamente, citou-os, um a um, e a cada nome Pelier parecia empalidecer mais:... Hassel!... Carlos!... Dick!... Dendrick!... François!... Einrich!... Olaf!... Gustav!...Petov!... e, finalmente!...

– Finalmente o que, senhor Alex?...

– Finalmente... Pelier, senhor Pelier!...

Todos os olhares voltaram-se para aquele local do auditório onde se achava Pelier, que rapidamente retirou de dentro da roupa uma pequena caixa prateada com um luz verde piscando. Levantou o braço o mais alto que pôde e gritou:

– Não me toquem!... Esta caixa tem potência suficiente para arrasar todo o quarteirão!... Não se aproximem!... Não se aproximem!...

E, quando se estabelecia o tumulto que inevitavelmente transformar-se-ia em pânico, ouviu-se a voz enérgica mas tranquila do coordenador, com volume acima do burburinho que se estabelecera:

– Calma!... Não se preocupem, meus amigos!... Não se preocupem!... o artefato já está sendo neutralizado eletronicamente!... Não há perigo.

– Não acreditem no administrador, ele está querendo ganhar tempo! Eu acabo com todos!

– Engana-se, senhor Paul Hampton, veja no centro de seu monitor o ponto de luz vermelha que se desloca em varredura! Além de neutralizar a sua bomba, está paralisando-o, também. O senhor não tem condições de mais um movimento. Seguranças, por favor, podem levá-lo, mas não o maltratem, ele está indefeso!

"Senhores!... façamos um intervalo até a tarde, quando encerraremos o debate."

Bjorn, Tracy, Pandiá e Alan olhavam um para ou outro sem saberem o que dizer, até que Tracy exclamou: – Que dia, companheiros!... que surpresas teremos mais?!.. – todos riram gostosamente.

– Como é que Alex sabia de tudo aquilo? Ainda não saí de minha surpresa!... – agitou-se Pandiá.

– Não sabia... – esclareceu Tracy.

– Como não sabia?... Então!...

– Então – esclareceu Tracy – Alex estabeleceu uma espécie de ponte mental entre ele e o criminoso; à medida em que ele falava, acelerava a emersão das imagens e lembrança conservadas no subconsciente de Pelier, captada por Alex durante o afloramento. Assim estabeleceu-se um circuito fechado com fluxo ininterrupto. Se vocês perceberam, Alex mantinha-se de olhos fechados.

– Estou impressionado!... E pensei que não havia mais nada para eu ver neste mundo... – falou Alan. Em seguida Pandiá entrou na conversa:

– Fico a imaginar se as surpresas terminaram, realmente!... E você, Bjorn, que está tão calado? Em que está pensando?

– Estou pensando no terrível drama da Silvia, desde pequena...

– Mas parece-me que outros ventos, brandos e perfumados sopram em sua direção... – falou Tracy em tom malicioso, compreendido por todos, que sorriram com satisfação..

Nesse momento chegaram o administrador e Alex, que se retiravam do auditório e foram efusivamente saudados pelos quatro amigos.

– Senhor – inquiriu Bjorn –, os Filhos da Luz assistiram à transmissão?

– Alguma coisa, dr. Bjorn. O chefe do clã é muito sagaz. Logo depois que eu dediquei o debate aos Filhos da Luz, nossos registros eletrônicos indicaram desligamentos de receptores, em blocos concentrados em várias regiões da Terra, e coincidentemente naquelas áreas identificadas e catalogadas como as de domínio dos clãs.

– Nesta situação, os coitados não tiveram a chance de serem esclarecidos e continuam mantidos propositadamente na ignorância!?

– Quero crer que a grande massa ouviu a dedicatória e em seu íntimo entendam como uma forma de simpatia e desejo de aproximação. Nos núcleos dos Filhos da Luz todo o sistema de recepção dos sinais de áudio e de imagem estão em rede sob um comando central. No entanto, para nossa satisfação, em cada unidade existem subgrupos independentes.

– Estávamos aqui a pensar, senhor, quantas surpresas estarão reservadas ainda para hoje – falou Pandiá, quase interrogativo, e o administrador respondeu, reticente, como se tivesse resposta definida, mas que não desejava apresentá-la, no momento.

– Quem sabe, Pandiá... Quem sabe...

– E o que será de Pelier? O senhor tem alguma notícia dele?

– Ele será solto amanhã!

– Será solto!? Aquele homem perigoso? – espantou-se Tracy.

– Sim, meu filho!... Ele não oferece perigo iminente. Não temos mais prisões, lembra-se? Pelier foi identificado, registrado e sua identificação já se encontra em todas as partes do mundo. Não tem para onde ir, permanecendo neutralizado. Um homem nestas condições, quando se vê a descoberto por uma sociedade equilibrada, isola-se. Ninguém o humilhará ou expressará desdém, mas ele carregará consigo essa sensação, pelo próprio sentimento de culpa e de condenação. Por onde quer que passe terá a nítida impressão de que todos os olhos do mundo estarão voltados para ele. Viverá assim, numa prisão mental mais terrível que os sistemas prisionais de confinamento, já abandonados, até que prove a si mesmo a mudança de caráter e liberte-se, por fim. Nos primeiros tempos, a criatura que não consumiu ainda sua arrogância não percebe que a platéia do mundo, mesmo a que a rodeia, não o vê porque tem interesses mais nobres em sua pauta de participação em sociedade. Quando se descobre sozinho, assusta-se. O sofrimento é inevitável

"Na verdade, estará preso em si mesmo. No entanto, terá acesso aos locais de alimentação diária, de higiene e de repouso noturno, postos à sua disposição. Não haverá trabalho regular para ele, principalmente dentro de sua especialidade, porque manteve-se na clandestinidade e fora do processo de conquista de confiança. Toda ocupação que vier a ter, nos níveis menores que a sua capacidade, dependerá de atitudes e iniciativas espontâneas."

– Contudo, senhor, penso que, quando descobrir-se liberto e verdadeiramente transformado, não terá que dar demonstrações de sua transformação, porque ninguém estará exigindo outras atitudes e terá provado a si mesmo de que foi capaz de encontrar os próprios e, consequentemente, de tornar-se feliz.

– Suas observações são pertinentes, Pandiá. A sociedade em nossa época não comporta mais posturas desse jaez. Vejam que Pelier deixou suas marcas por onde passou, e tudo o que pleiteou para si, por hábito ou vício, foi naturalmente rejeitado, uma vez que procedimentos distorcidos não se acasalam com as formas corretas, porque não encontram comparsas que alimentem um fluxo contínuo de forças que se multipliquem contrariamente ao bem.

"Pelier encontrou ressonância, apenas, em poucos e raros indivíduos irresponsáveis, principalmente militares inescrupulosos que, ao se consorciarem com ele, desqualificaram-se moralmente e, sem saber, meus amigos, contribuiu com o expurgo daqueles que estavam ocultos, que, vindo à superfície, tornaram-se visíveis.

"Se compilarmos a história política da humanidade, nos últimos séculos, veremos a existência de complexos e dispendiosos sistemas criados nas áreas governamentais, em todo o mundo, para a manutenção de agências de investigação, de espionagem e contra-espionagem, alimentando o crime e a corrupção, oficializados em nome de um falso patriotismo e de falsos valores morais. Milhares de criaturas lutando, na obscuridade, emocionalmente alimentadas por uma pseudo-segurança nacional, bastas vezes enganadas, trabalhando contra a própria nação. Indivíduos, investigando indivíduos, grupos vigiando grupos, e governos investigando a todos e a outros governos para manterem sua estabilidade, segurança e domínio.

"Pelier é um dos raros representantes dessa época que tanto enclausurou sua mente nos subterrâneos da vida que não viu o amanhecer da mudança moral do homem. Hoje ele finalmente fechou o círculo que, no transcurso de sua vida, criou para si mesmo, aprisionando-se em seu interior."

– Haverá para ele algum tratamento psicológico que o conduza à readaptação social, meu pai? Quem o ajudará? – perguntou Tracy ao administrador, que, depois de um suspiro, respondeu:

– Ninguém, meu filho... Ninguém!...

– E onde ficam a compaixão e a solidariedade que se diz terem sido conquistas extraordinárias da humanidade hodierna? Como ele poderá recuperar-se relegado ao abandono?

O administrador sorriu e acrescentou:

– A sociedade não o abandoou nem o abandonará, pois carrega na alma esse mesmo sentimento seu. Ninguém lhe voltará as costas, nem é preciso. O seu conceito de castigo e punição, acrisolado em sua psique, oriundo de sua época passada, o fará sentir-se acuado e condenado por todos, embora ande livremente por onde desejar, pois continuarão a serem respeitados os seu direitos de ir e vir. Sentirá, contudo, a terrível impressão de que a qualquer momento a vingança o alcançará e que, de algum beco escuro, qualquer esbirro contratado lhe saltará em cima ou, numa noite de profundo sono, vencido pelo cansaço, será brutalmente retirado de sua moradia, por desconhecidos, como comumente acontecia na sua mocidade. A sociedade, num comportamento natural e espontâneo, o manterá em seu seio, e um dia, quando a humildade alcançar as suas frequências mais profundas e a alma vibrar noutro padrão mais elevado, em consonância com a nova ordem social, ele terá a nítida sensação de ter sido perdoado e de que estará sendo recebido de volta, apenas porque consumiu, na solidão, todo o sentimento de culpa ou de revolta e perdoou a si mesmo. Contudo, não nos iludamos, a transformação não se opera de um momento para o outro. De certa forma ele estará manietado, mas não deixará de arquitetar, em sua mente, algum plano que extravase o seu ódio.

– Consequentemente... – reticenciou Alex.

– Consequentemente – interrompeu o administrador, sorrindo – proponho buscarmos o local de nossas refeições e relaxarmos. Tivemos uma manhã muito tensa e precisamos nos preparar para as conclusões finais da tarde. O que acham?

Os sorrisos de todos e os assentimentos de cabeças aprovaram.

– Então, vamos – concluiu o administrador, pondo-se a caminhar à frente dos demais.

11. Profissão de Fé

Eram quase duas horas da tarde quando a população foi chegando para a Grande Academia, calmamente e mais tranquila. Agora havia mais serenidade e uma sensação de segurança em todos os rostos.

Às duas em ponto, o administrador, ladeado por Alex e pelo dr. Falcon, à mesa, levantou-se e indicou a cada um sua tribuna, para as quais dirigiram-se, e, sem mais delongas, considerou aberta a sessão, concedendo a palavra, inicialmente, ao dr. Falcon.

O expositor agradeceu ao administrador, cumprimentou Alex cortesmente e ao público que naquele instante lhe assistia. Ante a expectativa geral, iniciou seu pronunciamento de forma pausada, com as palavras bem medidas e bem colocadas:

– A pergunta formulada, hoje pela manhã, a respeito do meu possível envolvimento com os Filhos da Luz a mim me parece respondida, graças ao jovem Alex. E afirmo lamentar, profundamente, que meu pensamento filosófico tenha sido empregado em sentido diametralmente oposto. E isto significa, tenho a consciência e a honestidade de admitir que, se ele prestou-se a tal uso, é porque não é conclusivo nem absoluto. Descobri, apesar dos meus anos vividos e de minha experiência, que há sempre tempo para reformular e crescer.

Dr. Falcon falava pausadamente e denotava grande emoção, contida com esforço e grande sinceridade, envolvendo a todo o auditório. Após pausa mais longa, prosseguiu:

– Aprendi hoje, e creio que vocês também, que há razões para tudo na vida. Assim como um dia sucede ao outro, sem qualquer igualdade, há que se aproveitar o que cada um deles, individualmente, pode oferecer. Se o homem para no tempo e limita-se ao seu acanhado espaço, é semelhante aos nossos lagos sem vida e sem futuro. Aprendi, ainda, que há tempo para renovar e que a Terra, conquanto estiolada, poluída, quase morta, pode se transformar num imenso laboratório de oportunidades e reconstrução, que há razões naturais para a destruição, como a poda salutar que faz reviver após os cortes dolorosos; que há razões óbvias para a morte em todos os reinos da natureza, mas, sobretudo, é a vida quem impera!...

A esta altura o orador discretamente enxugou a lágrima que rolara na face bem marcada pelos anos transcorridos. O silêncio fizera-se intenso e ele prosseguiu:

– Meus amigos, agora sinto-me mais humano e com a alegria de fazer parte desta imensa família, que lamentavelmente eu desconhecia, porque me faltava a lição conhecida mas não assimilada nem vivida: a lição do amor! A velhice alcançou-me na viagem existencial, na Terra, retardando-me as passadas, reduzindo a mobilidade e resistência de meus braços, sem, contudo, bloquear-me a lucidez. E consciente deste fato preparava-me, a cada dia, para a morte, impassível e ao mesmo tempo expectante, sereno mas amargo, acrescido de uma sensação de terrível impotência por ter querido fazer tudo e por um sentimento de não ter feito quase nada, ou, talvez, de não ter feito tudo o que podia e que devia...

"Mas agora... a partir de agora, não estarei mais insulado. Não importa quanto tempo de sobrevida ainda me resta. E, de público, em plena lucidez de meus atos, faço minha profissão de fé..."

Dr. Falcon apoiou as duas mãos sobre o peito e, distendendo os braços para a frente, como se quisesse abrir seu coração a todos, falou com firmeza:

– Creio nas realizações do presente como resultado das emoções, sentimentos e do trabalho dos que viveram antes de mim preparando-me o futuro e concedendo-me o presente...

"Creio no futuro como consequência dos labores e sonhos do presente...

"Creio no sonho como poética formação da esperança...

"Creio na esperança como o grandioso móvel de todas as realizações, de todos os tempos, como a luminosa presença da vida...

"Creio, finalmente... na vida..."

Nesse instante, dr. Falcon parou, respirou fundo e, solenemente, concluiu:

– Porque há razões para a vida!...

O auditório manteve-se em silêncio, por alguns segundos, sob o impacto daquele pronunciamento, mas, quando o administrador levantou-se de seu lugar, dirigiu-se à tribuna e abraçou o dr. Falcon, alguém iniciou os aplausos ninguém mais se conteve, uma explosão de palmas invadiu o ambiente. Nas ruas e nas esquinas, nos pontos comerciais, em cada local em que houvesse alguém assistindo diante de um monitor, não economizavam aplausos.

Alex levantou-se comovido e abraçou aqueles dois homens idosos unidos por um único pensamento – o valor da vida.

O administrador assumiu novamente o seu posto e novamente ladeado por Alex e pelo dr. Falcon aguardou o necessário silêncio e concluiu:

– Não tenho nada a mais a dizer, a não ser expressar meus agradecimentos. Obrigado, senhores. Está encerrada a sessão.

Novos aplausos e em poucos minutos o auditório esvaziou-se, ficando, apenas, à saída os amigos de sempre: Bjorn, Tracy, Pandiá e Alan. Em breves instantes os alcançaram o administrador, Alex e o dr. Falcon.

12. Novos Planos

No dia seguinte, todos compareceram à casa do administrador para definição das novas etapas. Comentavam alegremente o desfecho do debate encerrado no dia anterior, quando na sala adentraram o administrador acompanhado pelo Mestre. Após os naturais cumprimentos, acomodaram-se em torno de espaçosa mesa:

– Meus amigos – iniciou o administrador –, é justa e nobre a nossa alegria, entretanto esta é, apenas, uma etapa do plano geral que detalharemos aos poucos e nos momentos oportunos. A partir deste instante, o Mestre, nosso nobre amigo, comandará a reunião de hoje, uma vez que os assuntos a serem desenvolvidos estão sob sua responsabilidade. Sophos, prossiga.

O Mestre assumiu a reunião e interpelou a todos:

– Antes de iniciarmos, gostaria de saber se há alguma pergunta.

Como todos permaneceram em silêncio, ele prosseguiu:

– Na pauta de nossos serviços e compromissos mais dilatados, temos, ainda, "Operação Resgate" e "Operação Lua", que, se bem sucedidas, abrirão espaçoso caminho no complexo programa de regeneração da Terra.

– E o que vem a ser tudo isso, amigo? – perguntou Alex.

– Já lhes adiantei, anteriormente, a respeito de estranhas e desconcertantes sombras de descontentamento em nossa base de operações, na Lua, quando sugeri a presença de nossos queridos Carl Bjorn e Silvia, naquele posto, com tarefas definidas em acordo com suas especialidades, mas, na verdade, o objetivo principal é o fator humano que deverá merecer todo o nosso carinho e atenção.

"Nosso satélite natural não é apenas uma fonte de quase inesgotáveis recursos minerais que nos tem permitido a manutenção e fabricação dos mais modernos e variados artefatos. Considerando a ausência de atmosfera e, consequentemente, de poluição, é o melhor posto de observação e estudo do cosmos, seja por processos óticos ou eletrônicos. Há, também, a condição de base para os saltos exploratório do restante do sistema solar, em futuro não muito distante.

"Não podemos desconhecer as relações psíquicas entre os que lá, temporariamente, residem e os que aqui permanecem. A recíproca influência mental é intensa e deveria estar apoiada em bases de harmonia e equilíbrio, uma vez que a humanidade é uma só. Os de lá interagem entre si e com os daqui.

"Vocês, uma vez estabelecidos na Lua, deverão envidar esforços no sentido de identificarem os focos de dissidências para iniciarem o trabalho de harmonização. É possível, inclusive, que a origem de tudo não esteja lá.

– Com que recursos contarão? – preocupou-se Tracy.

– Com os próprios, mais desenvolvidos, e com o nosso apoio pessoal. Para tanto estaremos em contacto semanal numa frequência de onda muito especial não detectável pelos companheiros de temporária moradia.

– Tenho lidado com todos os tipos de frequências em minhas pesquisas e todas são detectáveis. Não me recordo de ter visto referências a ondas especiais... – insistiu Pandiá, desta feita.

– Mais adiante explicarei melhor. Quero, ainda acrescentar algo a respeito da "Operação Resgate". Esta também exige sacrifícios pessoais, dedicação, senso de observação e de oportunidade. Trata-se dos Filhos da Luz. É hora, é o momento psicológico para ativar-lhes as fibras do coração, movimentar-lhes a sensibilidade das almas sofridas. Eles estão cansados e saturados da vida que levam e não se aperceberam deste fato, e o que fazem é por obediência cega à liderança que alimenta e estimula o ânimo para a agressividade. No fundo há um abatimento geral e isto pode desencadear reações diversas, de forma coletiva, como abandono de si mesmo em desprezo à própria vida, o que seria lamentável. O desencanto oculto e a falta de objetividade na vida podem transbordar em suicídios, sem que haja alguém capaz de os controlar.

– Estes dados são recentes, Mestre? Como foram conseguidos?

– São muito recentes. Nossos analistas de comportamento verificaram suas ações e deslocamentos. Outrora eram dinâmicos, quase que imprevisíveis, e não paravam mais que dois dias numa mesma região. Os deslocamentos eram bem planejados, aparentemente aleatórios, para confundirem. Quando comparamos as trajetórias e deslocamentos atuais verificamos que a cada dia são mais lentos sem objetividade e mais prolongada é a permanência nos locais onde param...

– Momentos atrás o senhor fez referências a recursos mais desenvolvidos. O que vêm a ser estes recursos? – voltou a inquirir, Pandiá.

– Sim, refiro-me aos recursos anímicos, às percepções que se manifestam com mais intensidade, por toda parte, em inúmeras pessoas, e vocês não desconhecem isto. Em outros tempos, os fenômenos psíquicos foram registrados com certa raridade porque poucos se davam conta de que os possuíam, embora ocorressem com naturalidade em todos os tempos da humanidade.

"Quanto à frequência especial a que me referi, é exatamente a da onda mental que, utilizada com adestramento, nos permitirá estabelecer comunicações sem que fiquem registros físicos ou eletromecânicos que possam ser copiados ou utilizados indevidamente. Para que isto ocorra com melhor amplitude, faremos adestramento específico com fins de domínio e amplificação das inestimáveis potencialidades existentes em cada um de vocês.

"Em próximos dias iremos ao continente sul americano para exercitarmos e dilatarmos a amplitude desse potencial."

– E por que no continente sul americano, se sabemos que os orientais, principalmente hindus, guardaram e preservaram o segredo de doutrinas secretas onde 'iniciados' confabulavam com os mortos e produziam fenômenos psíquicos de toda ordem?... – inquiriu Pandiá.

– Tanto os hindus quanto outras raças extintas da região fizeram exatamente isto, preservaram egoisticamente o segredo, buscando a elevação unicamente individual. O isolamento, por conseguinte, levou-os a criarem sistemas mesclados às fantasias e lendas, ao passo que, numa grande região quase continental da América do Sul, no tempo em que a divisão territorial foi mais marcante, a filosofia das vidas sucessivas e a comunicabilidade dos espíritos tornou-se tema popular e alcançou a todas as classes sociais como idéia comum, levando a coletividade a comportamento bem diverso, a uma espiritualidade tal que não se tem notícias de bolsões de revoltosos, como no caso específico das regiões do Norte. Lá, meus amigos, não só veremos o uso seguro das faculdades parapíquicas, como também as consequências morais que advieram disto, com profunda repercussão no restante do mundo, haja vista a importância de que se revestem os *centros de filosofia da vida*, como consequência mais direta e imediata.

– E como isto aconteceu, Querido Amigo? – interpelou Silvia, que até o momento havia permanecido em silêncio. – Sabemos, historicamente, que o Brasil, o país que demarcava geograficamente o sul do continente americano, foi um país que marchou defasado, economicamente falando, com muito esforço para ombrear-se com as grandes potências mundiais, no que respeita aos avanços da tecnologia e do progresso; em função das contingências sócio-econômicas e, posteriormente, aos desastres que assolaram o planeta, nunca pôde igualar-se àquelas do norte da América e mesmo da Europa.

– Você mesma indicou o ponto crucial: a relativa pobreza e a simplicidade que não significam nem atraso nem ignorância. Houve, também, um fator extremamente determinante com uma predominância que não havia nos demais – o *sentimento*.

"O progresso, mesmo defasado, chegou àquela região que não domina as tecnologias que detemos, mas souberam, com criatividade e inteligência, aplicá-las às suas necessidades, com equilíbrio e bom senso. Compreenderam que poderiam dominar, como dominaram, a ciência nuclear, porém nunca sentiram a necessidade de criarem artefatos nucleares de poderes defensivos ou ofensivos; assimilaram a tecnologia dos satélites artificiais para as necessidades domésticas, no entanto não carecem de explorações e viagens espaciais, e assim por diante, em todas as áreas do conhecimento humano.

"Vejam como é curiosa a história do homem. Exatamente no século dezenove, quando a ciência conquistava o direito de cidadania, o diploma de maioridade ao libertar-se da religião dogmática que mantinha a todos sob o peso de seu tacão, postula-se, na França, o positivismo, o materialismo tão dogmático quanto a religião, e esta perdeu pouco a pouco os créditos de seus dogmas em virtude dos desmentidos advindos das descobertas. E foi na mesma França de Augusto Comte que ecoaram por toda parte as vozes daquele aos quais chamavam de mortos e que chamavam a si mesmos de espíritos, ou as almas dos que haviam vivido na Terra para alardearem a vida imortal. Eles mesmos promoveram, com Allan Kardec, a vinda de uma filosofia que por si só constituise no maior e mais poderoso inimigo do materialismo – o espiritismo!

"Allan Kardec, inigualável filósofo e homem de ciência, pedagogo e pesquisador, deu corpo de doutrina a uma ideia que ele mesmo afirmara ter procurado a vida inteira. Foi um trabalho que exigiu coragem, bom senso e muita paciência. Ele asseverava que a ciência e a religião eram as duas alavancas do progresso, mas não se referia ao dogmatismo de ambas as partes, mas à razão e ao verdadeiro espírito tanto de ciência quanto ao de religião, uma vez que o conhecimento deveria alcançar o espírito para sua evolução, desenvolvendo-lhe, assim, o sentimento da importância e do significado da vida; por outro lado, o desenvolvimento do sentido de religiosidade para dar significado e objetivo mais nobre à ciência do que simplesmente abarrotar o indivíduo de postulados e descobertas, descobertas e postulados..."

– Isto é belo de se ver – comentou Silvia, demonstrando sua sensibilidade.

– Sim, querida amiga. No entanto, o mais curioso é que esses conhecimentos, toda a gama de valores relativos à doutrina, por um determinismo de continuidade e de preservação, trasladaram-se para o sul do continente americano, especificamente para o Brasil. Em apenas dois ou três séculos sua difusão deu-se com rapidez. Inicialmente combatido com ferocidade pela intolerância do catolicismo e, depois, do protestantismo, mais por insegurança e receio de verem abalados os alicerces de seus postulados, tornou-se crença popular.

– E o espiritismo sobreviveu como religião por ter alcançado todo um povo? – falou, por fim, Bjorn, que se mostrara calado mas atento.

– Não, Bjorn. Não sobreviveu como religião, no sentido que é dado a esta palavra. Muito embora a clareza de sua filosofia, a lógica da ciência e suas consequências morais tenham alcançado o homem, o atavismo espiritual de religião constituída e de posturas hieráticas e sobretudo dogmáticas influenciaram muito o progresso do movimento que se instalou naquelas terras, mais por falta de uma correta leitura do conteúdo doutrinário.

"Com o passar de dois séculos e meio, no entanto, verifica-se que os postulados não foram conspurcados e as alterações surgidas na forma de aplicação do conteúdo deram lugar ao entendimento da essência e à compreensão de que o mais importante era a idéia, em si mesma, o fulcro, o epicentro, objetivando, unicamente, como o cristianismo primitivo, fazer homens de bem. Tão simples... Apenas isto...

"Consideremos, meus amigos, que o cristianismo veio quebrar, em todos os ângulos, as algemas impostas pelo judaísmo e pelo politeísmo greco-romano, e, sem competir com eles, deixou semeados os gérmens da ciência que viria, mais tarde, cumprir o seu papel junto à evolução da humanidade.

"O cristianismo nascente, porém, puro e original, transmudou-se para a religião constituída, ao sabor das vaidades humanas, para a dominação, agrilhoando o indivíduo a dogmas e preconceitos descabidos. E o que se evidencia à nossa observação: os dominadores políticos religiosos ou, simplesmente, religiosos políticos, a partir da Idade Média, que infestaram o cristianismo com práticas judaizantes, foram os mesmos de outrora aferrados à lei e as tradições – escribas, fariseus, saduceus e oportunistas.

"A morte e algumas poucas reencarnações nem sempre foram suficientes para transformar os corações, notadamente os apegados, coletivamente, a sistemas filosóficos fechados. Estas mesmas criaturas, religiosos do período medieval, por pouco não viriam, nos tempos modernos, a se enclausurarem nos preceitos de ordem puramente pessoal, a idéia libertadora, escorreita dos mestres espirituais, traduzindo o pensamento de Jesus, escoado pelas mão de Allan Kardec. E o pensamento do mestre lionês foi a de expansão de uma doutrina ao mesmo tempo útil e consoladora. A idéia sempre foi tudo. Quando o homem compreendeu isto, ele modificou seu comportamento. Depois das agruras do século vinte e um, não mais prendeu-se a templos e tornou-se livre para pensar e agir dentro dos princípios tão claros e tão belos, perfeitamente identificados com as promessas advindas do cristianismo.

"Com o passar do tempo e a vivência do homem no dia-a-dia, com a verdade imperando soberana, a expressão espiritismo, significando em sua origem doutrina dos espíritos, perdeu o caráter de doutrina para ser um estado permanente, um comportamento natural de um modo de vida. Por consequência, o sentido de *vida*, identificado como dois momentos específicos, em duas regiões distintas, a saber, vida física e vida espiritual, mundo físico e mundo espiritual, perdeu estas condições para ganhar uma amplitude maior e mais real para ser simplesmente *vida*, num *continuum* de duas frequências em cíclica alternância, mas de permanente interrelação.

"Concluindo, meus amigos, vocês já devem ter identificado a profunda sabedoria do missionário Allan Kardec. Não se arvorou em fundador de mais uma doutrina filosófica, pois sabia que uma religião e seus religiosos poderiam ser silenciados, sufocados e até destruídos, mas que não se pode sufocar nem destruir uma idéia, principalmente quando seus princípios solidificam-se na verdade, porque ela é ao mesmo tempo imponderável, mas consistente; invisível, mas viva..."

Neste momento, Sophos parecia transfigurado pela força de suas convicções. Seus traços fisionômicos apresentavam-se mais harmoniosos, seus olhos quase emitiam luz e sua voz ora denotava inflexões enérgicas ora suaves e pausadas. Ninguém ousou quebrar a beleza daquele instante quando ele terminou. Depois de alguns instantes de silêncio, sorriu e acrescentou:

– É só o que tenho a lhes dizer!

13. No Continente do Sul

A aeronave desenvolvia grande velocidade sobre o oceano Atlântico, quase silenciosa. Apesar de transportar, em seu bojo, pouco mais de cem passageiros, possuía perfeita estabilidade sem sofrer quaisquer influência da instabilidade atmosférica carregada de bolsões térmicos.

Instalados em confortáveis poltronas, os componentes do grupo mantinham animada conversa. Alex e Alan analisavam as variações cromáticas da luz solar refratando-se nas nuvens pesadas de resíduos poluidores; Pandiá, Bjorn e Tracy conversavam com o Querido Amigo sobre a região sul-americana. Apenas Silvia mantinha-se em silêncio com o olhar perdido na distância, para além do retângulo transparente da fuselagem. A certa altura, Sophos, dando-se conta de seu alheamento, delicadamente perguntou-lhe:

– Silvia, em que pensa? O que a deixa tão cismarenta?

Ela sorriu e respondeu:

– Penso que esta nossa viagem para treinamento que o senhor propôs tem objetivos que estão além daqueles que se referem aos projetos mais imediatos: Operação Resgate... Operação Lua... e, digo mais, Querido Amigo, chego quase a assustar-me!...

– O que a assusta? O que você imagina? – interrogou Bjorn muito interessado.

– Continue, Silvia – falou Sophos.

– Falo em assustar-me porque não encontro um termo mais adequado para exprimir o que sinto. Talvez porque entreveja algo muito grande acima de minha compreensão e a respeito do qual eu não posso atinar. É como se eu estivesse sonhando com fatos, lugares e coisas que não podem ser descritos por não existirem palavras adequadas. Acredito que algo se reserva, mais adiante, para nossas vidas. Campos de pesquisas, descobertas e ações nunca imaginadas a respeito de alguma coisa que se oculta dentro de nós, mas que transcende a nós, e é de tanta profundidade que sinto, no âmago de minha alma, que nossas emoções mais sutis não tem capacidade para suportar... – e Silvia mostrou-se vivamente emocionada.

– Minha filha – esclareceu o Querido Amigo, tomando-lhe carinhosamente a mão entre as suas –, a sua sensibilidade possibilitou pequena abertura de uma janela para o futuro. Você registrou a ideia global de certo planejamento que ainda não pode ser revelado. Falta-lhes, ainda, sentido para isto. Mas um fato é verdade, este treinamento será fundamental. Não se assustem, pois será uma experiência extraordinária.

– Parece-me que entramos em procedimento de pouso – observou Alex.

– Mais alguns minutos e chegaremos – concluiu Sophos. – Uma vez lá, procurem sentir o ambiente, as pessoas, identifiquem-se com a atmosfera psíquica do ambiente e de grupos com os quais lidaremos. Isto já faz parte do treinamento. Agucem suas percepções... Seremos recebidos por um velho amigo que nos dará todos os detalhes de nossa estada.

A aeronave chegou ao seu destino, um dos centros mais populosos e movimentados da região. Parou suavemente numa gare coberta e, ao desembarcarem, Sophos, de imediato, identificou seu amigo, que, ao vê-lo, acenou com satisfação. Abraçaram-se e seguiram-se as apresentações.

– Este, companheiros, é o Jano, amigo de longa data e de muitas caminhadas!

– Muito prazer – falou Jano, com sinceridade. – Desde já vocês são meus amigos, também! Agora vamos aos alojamentos, amanhã teremos bastante tempo para conversar, conhecermo-nos melhor e traçarmos nossos planos. Vamos?

Os alojamentos ficavam num dos vários edifícios de dois andares, de linhas simples, mas de grande arrojo arquitetural e um belo trabalho de engenharia. Os edifícios, em toda a sua extensão, na forma de imensos paralelepípedos de seção retangular, sobressaíam-se por sua leveza visual, pois toda a massa de alvenaria dos dois últimos pavimentos permanecia apoiada, acima do solo, por um único bloco central, com o pé de um "*T*", a sustentar um longo travessão. No frontão do pórtico de entrada daquele condomínio, lia-se: "Centro de Estudos Psíquicos".

Pela manhã, após ao desjejum, mantinham conversação animada, quando Sophos perguntou:

– Gostaria de ouvir as primeiras impressões de vocês.

– Não sei muito bem explicar... – apressou-se Pandiá em responder, mas tenho a impressão de que o ar me parece-me diferente, mais puro... no entanto não vi muita diferença, em seu aspecto, daquele que respiramos na Europa. Mas sinto um bem-estar muito grande.

– De minha parte – comentou Alan –, identifiquei uma sensação de alegria no ambiente.

E Tracy, por seu lado, acrescentou:

– Achei as pessoas com as quais cruzamos como que conhecidas. É isto mesmo, conhecidas, e parece-me que elas nos reconheciam também.

– E você, Alex?

Alex custou um pouco a responder, mas, por fim, disse:

– Parece-me ter registrado uma espécie de paz desde que chegamos; não sei se provém das pessoas que nos acolhem, sempre sorridentes...

– Silvia, deseja acrescentar alguma coisa a mais?

– Sim, Querido Amigo, acredito que saímos de uma atmosfera psíquica e entramos em outra mais livre, mais expandida, e o que cada um de nós sentiu, na verdade, foram registros individuais de um único fator determinante. Registramos, em nosso psiquismo, o clima psíquico da região, mais ou menos uniforme, daí a sensação de cada um: o ar mais purificado, o bem-estar de cada um, o ar mais puro, o bem-estar, sensação de alegria no ambiente e a impressão de que todas as pessoas são conhecida por nós e nos comunicam um sentimento de paz.

– Você tem razão. Independentemente da atmosfera menos densa, 'respira-se' um clima espiritual mais delicado e sutil. Aqui a solidariedade já alcançou o nível de fraternidade.

Com a chegada de um servidor da instituição para informar que seriam imediatamente recebidos, a conversação teve que ser interrompida.

– Vamos todos! Jano nos espera! – estimulou Sophos.

Levantaram-se, acompanharam o servidor por curta distância, no interior do edifício, e entraram em ampla sala com diversos equipamentos eletrônicos e oito poltronas dispostas em círculo, além daquela ocupada por Jano, que se levantou para recebê-los.

– Sejam bem-vindos. Sentem-se, por favor. Agora que estamos todos acomodados, permaneçam tranquilos e à vontade. Faremos pequeno treinamento de percepção, melhor dizendo, de auto-percepção.

"Há quase trinta séculos, um sábio grego asseverou: '*Conhece-te a ti mesmo*', e o valor desta expressão jamais perderá seu sentido e profundidade. Este será sempre o nosso lema e o motivo de nossas reflexões.

"Comecemos, então, pelo nosso próprio corpo. Desliguem-se de tudo e de todo o restante que os cerca e estejam atentos a vocês mesmos. Por alguns minutos tentem contacto consigo mesmos, fechem os olhos e olhem para dentro de si. Sintam o pulsar do coração, o fluxo de sangue no aparelho circulatório, o ar entrando e saindo dos pulmões, pelas vias naturais. Contudo não o façam globalmente, de início. Nos primeiros instantes permitam que o pensamento percorra livremente os caminhos do corpo, sem esforço, assim como se estivessem observando a própria imagem à sua frente. Não tenham pressa e, quando se familiarizarem com o processo, eliminem a imagem e voltem-se para o próprio corpo, percorram-no, sentindo cada órgão, e, quando julgarem conveniente, localizem o pensamento numa parte, seja ela qual for."

A seguir, Jano permaneceu em silêncio. Passados quase trinta minutos, continuou:

– Voltemos gradativamente ao estado anterior, mas permaneçam de olhos cerrados, conscientes. Agora que se caracteriza um estado diferenciado dos estados comuns, do dia-a-dia, reiniciemos o processo e, ao invés de localizarem o pensamento no próprio corpo pensem no companheiro do lado, dois a dois. Procurem interagir, sempre sem esforço, Em seguida, gradativamente, cada um tentará expandir-se e integrar-se aos outros, em nosso ambiente.

Jano possuía a voz calma, mas de inflexão de comando, convincente e detentor de um magnetismo envolvente. Calou-se de novo e deixou que o tempo transcorresse por um período maior. O silêncio, quase absoluto, era quebrado, apenas, pelo respirar tranquilo e suave de todos. Quando achou conveniente, Jano voltou a falar:

– Voltemos, aos poucos, aos estágios anteriores... Desliguem-se do exercício sem paradas brusca. Muito bem!. Obrigado pela cooperação!

"Sei que todos querem falar, entretanto aguardem mais um pouco. Devemos aproveitar o campo de excitação provocado para a fixação. É simples. Façam um relatório mental de tudo o que aconteceu aqui, nos mínimos detalhes, pela ordem. Organizem tudo como se estivessem escrevendo e, à medida em que o considerarem terminado, podem levantar-se. Antes, no entanto, desejo perguntar. Alguém se cansou ou tem noção do tempo transcorrido?

Após confabularem entre si, Silvia, como porta-voz respondeu:

– Ninguém se cansou, Jano, e cremos ter transcorrido cerca de cinquenta minutos, estamos certos?

– Não, meus amigos. Transcorreram apenas três horas!

O espanto foi geral.

– Completem o relatório individual com as conclusões a que poderemos chegar e, no primeiro momento do horário da tarde, respondam-me!

Jano despediu-se e retirou-se da sala, convidando todos para, em seguida, buscarem o refeitório. O grupo estava feliz por descobrir as potencialidades latentes, que, sob estímulo e controle, emergiam com facilidade.

No horário da tarde, previsto pela programação, reuniram-se na mesma sala para avaliação e comentários. Com espontaneidade cada um apresentou as observações e registros de suas percepções, os fatores de bloqueios e os que permitiram expansão da consciência. Terminada a exposição individual e antes de sintetizar os resultados obtidos, Jano ofereceu oportunidade às perguntas, que não se fizeram esperar. Silvia foi a primeira a inquirir:

– Jano, o senhor...

– Desculpe-me a interrupção, mas podem chamar-me por *você*. Continue, Silvia!

– Está bem, Jano. Você definiu as etapas dos exercícios e deu-as de forma global, não procedeu como tradicionalmente se conhece, ou seja, fracionadamente com intervalos entre uma sugestão e outra, num crescendo. Por quê?

– Todos vocês possuem inteligência incomum, raciocínio rápido e excelente capacidade de apreensão, no entanto têm velocidades e prontidão diferenciadas. Da mesma forma são as reações e respostas aos estímulos. Não poderia ser diferente. Utilizei-me da forma globalizada por este motivo. Tive que considerar, também, a diferenciada adaptabilidade de cada um aos tipos de estímulos.

– Pode exemplificar objetivamente, Jano – perguntou Tracy –, com algo ocorrido durante nosso treinamento, pela manhã?

– Posso – respondeu Jano com firmeza. – Quando lhes disse: "Cada um deverá expandir-se e integrar-se no todo de nosso ambiente", percebi que um de vocês assimilou de imediato a sugestão e, prontamente, atendeu. Outros levaram tempo maior para identificarem a sugestão e integrá-la em si. Outros mais, de imediato compreenderam e assimilaram a proposta, como os primeiros, como se fosse uma rotina em suas vidas, mas, no momento de operacioná-la, comportaram-se como os últimos, a ação fluindo lenta e contínua.

Como não surgissem mais perguntas, Jano informou que faria a síntese dos resultados.

– Suas respostas, meus amigos, representam a veracidade das ocorrências, sob nossas vistas. As ocorrências espaciais e temporais resultam dos condicionamentos físicos, nos limites impostos pelas estruturas materiais. Por suas observações, narrativas e conclusões, os fenômenos do domínio mental ocorrem noutra dimensão e não se encontram aprisionados nas três dimensões exigidas para o mundo físico. A matéria, como comumente conhecida, não opõe obstáculos à ação da mente, tanto que, à visão de vocês, hoje pela manhã, desapareceram paredes, móveis, os demais elementos da sala, mas, sobretudo, a contagem de tempo. Havia, em determinado momento, um todo homogêneo, mas sem fusão e sem perda de individualidade ou de consciência, mesmo no processo de interação. É, também, correta a conclusão de que as percepções dilatadas não resultam de pensamentos fantasiosos. Pode-se inferir, ainda, que a conhecida matéria invisível, sutil, imponderável, imperceptível aos sentidos comuns é quem possibilita a condução e vigorosa ação do pensamento. Considerando-se que o pensamento navega livremente nessa matéria fluídica, ela tem que ser universal, e a matéria mental, forçosamente, semelhante a ela.

"As conclusões estendem-se além. Sabemos que a mente pode agir, e age sobre a matéria bruta, por intermédio da matéria invisível que lhe serve de veículo, como já vimos. A matéria mental, os fluidos variados, a matéria bruta em todas as suas manifestações têm relação entre si e, consequentemente, a mesma origem, numa matéria primordial e universal.

"Resta ainda mais uma consideração, meus amigos. Temos aprendido que o cérebro é a sede do pensamento e a ação mental é uma ação inteligente, distinta das ações e qualidades específicas de um corpo inanimado. E isto vem a significar que a real origem do pensamento está fora da matéria, transcende a ela e, diferenciado dela, tem que ser, também, original, independente, indestrutível, passível de transformações e eterno, pois, desta forma, ele toma emprestado todas as características da sua fonte original, o espírito."

Após concluir seu pensamento, Jano acrescentou:

– Aproveitem os exercícios que fizeram, os conceitos que deduziram, para recrearem-se no horário final de hoje. Podem, por exemplo, um de cada vez, formular um pensamento e deixar que os demais captem. Comecem com imagens curtas, simples e objetivas. Finalizando, quero alertar para o fato de que toda uma multiplicidade de fenômenos partem destes princípios e afirmo-lhes que, de futuro, vocês estarão em atividades bem mais complexas onde aplicarão de forma globalizada todo o acervo de informações, nesta área, acumuladas e exercitadas. Obrigado, amigos! Até amanhã!!!

Jano e Sophos retiraram-se abraçados, conversando animadamente.

A tarde caía lentamente. Silvia e Bjorn mantinham-se silenciosos diante do crepúsculo prolongado, quando o poente mostrava-se incendiado pelas últimas claridades do Sol. Silvia, espontaneamente, tomou a mão de Bjorn e saíram a caminhar sem pressa, junto ao grande lago manchado de vermelhão-escuro, a um passo do anoitecer.

– Tudo aqui é diferente, Silvia: o clima, a luminosidade do dia, a índole calma do povo... até o crepúsculo é lento, ao contrário do nosso, que é brusco, repentino...

– As baixas latitudes permitem isto, Carl, e até o índice de poluentes na atmosfera é menor. Você reparou na coloração do poente? Que cores! Jamais vi coisa igual. Tudo é tão suave e tão belo...

– Este momento é muito especial para mim, Silvia. Se eu estivesse só, neste instante, estaria admirando este oferecimento da natureza, mas, ao seu lado, tudo parece ter um significado mais profundo. Ao seu lado sinto a paz perdida pelos caminhos que percorri em minha vida...

Silvia voltou-se para Bjorn, olhou-o nos olhos, permaneceu alguns segundos em silêncio e disse-lhe bem baixinho, sem conter a explosão de amor:

– Carl, querido, minh'alma sente a sua com toda a intensidade. Leio em sua mente cada palavra que brota de seu coração, mas quero ouvi-las, todas. Sou como a ave sedenta depois de prolongado voo, mas que pousou, afinal... Por quanto tempo esperei por você...

– Agora entendo porque jamais a esqueci, mesmo sem nunca tê-la visto, a não ser em sonhos. Guardei, por todos estes anos esse amor por uma imagem real à noite e fugidia ao amanhecer. Oh! tortura, ter que adormecer, depois sonhar!... Oh! tortura, sonhando ter que despertar!... Tenho medo, querida... de tudo ser um sonho... e nada mais!...

– Não, Carl, não tema, querido meu!... Conservo, também, em meus anseios e esperanças a sua imagem, desde os tempos de criança. Sempre o vi ao meu lado como luz em minha vida. E o nosso amor, querido, sei agora, transcende o tempo e vence o espaço. Vivemos, por séculos, separados, entretanto, nossa aliança resistiu ao tempo... Eu o amo tanto... tanto!...

Silvia e Bjorn enlaçaram-se, aos poucos, num abraço intenso, profundo, numa ilimitada fusão de almas.

Uma semana passou rapidamente e, no oitavo dia, Jano dirigiu-se ao grupo:

– Tenho nova proposição e a apresentarei após as perguntas. A proposta é a seguinte: Vamos orar? Ou vamos aprender a orar? O que acham?

Os seis amigos entreolharam-se e as perguntas saíram quase que de atropelo, tal como Jano esperava:

– Reviveremos as fórmulas sacramentais do passado? – perguntou Alex.

– Há alguma expressão desconhecida que deve ser usada? – perguntou Pandiá, a seu turno.

– Por que orar? Para quê? E o que a oração tem ver com nosso treinamento? – inquiriu Tracy.

Como Jano permanecesse em silêncio, com leve sorriso no rosto, ante a estranheza de parte do grupo, demonstrando conhecer, antecipadamente, aquela reação, todos riram a gosto.

– Desculpe-nos, Jano, nossa infantilidade... – adiantou-se Silvia, apesar de não se ter manifestado. – É que há tantos anos não se cuida destes assuntos que nos pareceu pieguice e fora de propósitos.

– Não se preocupem – esclareceu Jano, com tranquilidade. – Isto sempre acontece. Mas explico-me: oração e culto, fé e crença, religião ou seita, preces e invocações, sempre foram inseparáveis. A oração, em todos os evos da humanidade, foi o resultado da fé, e a fé esteve calcada em orientações e postulados, regras, preceitos e dogmas de seitas ou de religiões constituídas. Primitivamente a oração era o resultado do pressuposto de que determinadas fórmulas sacramentais ou emissões de determinadas sons permitiam ao emissor deter poderio sobre supostos seres que lhe obedeceriam as ordens para obter quaisquer benefícios ou, por outro lado, condicionava a receber favores de seres superiores ou de divindades.

"No trânsito evolutivo da humanidade, a oração passou a ser um ato de submissão à divindade, até que, com o surgimento do espiritismo e seus postulados, o conceito de oração passou a ser melhor definido, com maiores esclarecimentos a respeito da relação da criatura com o ser a quem se dirige e, em profundidade, com o Criador. Assim sendo, orar a Deus seria pensar nele, definindo-se pelas finalidades: *pedir*, isto é, colocar-se em condições tais que o coração e a mente se abrissem à inspiração, consequentemente, com vistas à ajuda pretendida. E, sob as proposições de espíritos superiores em ciência e moral, vislumbrasse as soluções, propondo-se, por esforço próprio, a segui-las; *louvar* indica reconhecimento íntimo e verdadeiro da grandeza do Criador que a tudo supre com solicitude, bastando, para tanto, colocar-se em condições de estabelecer sintonia com a vontade divina, compreendendo-a; *agradecer* significa a compreensão de que uma única fonte é a razão e a origem de tudo, de todos os benefícios auferidos em favor próprio ou de outrem, apesar do esforço próprio empregado para a obtenção de amparo e proteção.

"Podemos sintetizar o ato da oração como um estado especial de consciência que independe de fórmulas, expressões verbalizadas, sacramentos ou assemelhados. A plenitude do ser apresenta-se, neste estado, quando o conhecimento e a razão, expandidos sob a suave mas contínua pressão do sentimento, estabelecem a interação com todas as forças vivas do universo.

"A criatura reconhece e se identifica com o vasto oceano de energias que invadem e circulam no cosmos e ao mesmo tempo elas passam a participar do ser sob o comando da vontade. Nesta condição de integração com a vida cósmica vibrante, pulsante, as distâncias perdem registro e significado e o tempo passa a ser o momento presente. Se levarmos em consideração que todas as forças representam a emanação ou expansão do pensamento Criador que mantém a vida e a solidariedade em toda parte, a interação a que me referi, momentos atrás, se fará organizada se o pensamento for comandado pelo sentimento, que há de se identificar com aquele outro pensamento vivo, eterno e bom.

"Talvez tenha sido essa consciência plena que tenha levado Jesus, o Cristo, a dizer: '*Eu e o Pai somos um.*'

"Se a oração é um estado de consciência, em atividade, a fé deverá ser a consciência desse estado, uma certeza estruturada na ciência da vida e no auto-conhecimento.

"Neste caso, a religião liberta-se de dogmas, de doutrinas, de filosofias e de rituais para ser o conjunto de conhecimentos que levam à verdade e, consequentemente, à permanente postura de retidão de caráter diante de todos os departamentos da vida e a uma vivência natural de comportamento. As antigas doutrinas editavam normas comportamentais que mantivessem o homem prisioneiro às promessas de 'salvação', vigiando-lhe as atitudes, sem as quais, 'fatalmente', assumiria compromissos com a 'condenação'. Com efeito, quando a humanidade atinge este patamar de plenitude de consciência da própria responsabilidade perante a vida, o Criador e a si mesmo, as religiões constituídas e todas as doutrinas desaparecem por terem cumprido a sua finalidade. Fecham-se igrejas, transformam-se templos e abrem-se centros de estudos de discussão coletiva, ampliando as possibilidades de aperfeiçoamento moral.

"Podemos acrescentar, ainda, que o estado de oração cria, em torno do indivíduo, uma atmosfera especial, psíquica, que permite interação com a fonte universal de todo o bem, transmudando-lhe a postura íntima para melhor. Desta forma, de indivíduo a indivíduo, de coletividade a coletividade, modifica-se o padrão da psicosfera planetária. Com isto, meus amigos, novamente confirmam-se as previsões de Jesus ao afirmar que haveria "um só rebanho para um só pastor" e que "nenhuma de suas ovelhas se perderia", sem que, necessariamente, se estabelecesse, no mundo, unicidade de crença e igualdade de religião."

Depois desta explanação, Jano convidou Sophos para propor novo exercício.

– Meus amigos – iniciou Sophos com crescente entusiasmo –, utilizem-se dos exercícios anteriores, não apenas para tomarem ciência do corpo físico, como já experimentaram, mas também para sentirem a atmosfera que nos envolve e nossa íntima relação com ela. O ato de respirar deixa de ser, neste instante, puramente vital e mecânico, para ser também consciente, quando a beleza do fenômeno, aparentemente tão simples, mostra-se grandioso por manter pulsando, a vida.

"As partículas de ar penetrando pelas vias aéreas, em quantidade suficiente a cada inspiração, a sua entrada nos pulmões, o oxigênio invadindo o sangue nos alvéolos e bronquíolos, sua extensa viagem por todo o império celular... Em seguida busquem inteirar-se das forças que nos envolvem e nos sustêm, interpenetrando a atmosfera. Naveguem nesse oceano que não tem limites e tornemo-nos ilimitados e assim poderemos sentir a beleza de *ser* que reside em nós, mas que transcende os limites da superfície muscular e expande-se para integrar-se à beleza universal. E esse sentimento, exaltando nossas emoções, as mais puras, nos conduzirão ao campo de ondas de uma atmosfera mais sutil onde nos achamos mergulhados. Então, um dia, seremos capazes de expandirmo-nos a plano de galáxia, como também de miniaturizarmo-nos a nível de elétron e alcançarmos, consciencialmente, partículas subatômicas do próprio corpo. Deixemo-nos sentir... sentir, apenas!..."

* * *

Transcorreram três semanas e os exercícios cada vez mais complexos exigiam do grupo todo o poder de concentração, ora individualmente, ora de forma coletiva. Jano e Sophos estavam satisfeitos com a boa vontade de todos e os rápidos progressos que alcançavam, e os estagiários ficavam a cada dia mais boquiabertos ante as ilimitadas possibilidades medianímicas que dormitavam em cada um, mas que desabrochavam tranquilamente ao sabor dos conhecimentos.

Silvia mostrava-se sempre a mais avançada de todos e com a visão ainda mais clara de que algo muito grande estava por acontecer, quando o grupo teria fundamental participação; entretanto, não ousava perguntar a respeito por saber que o momento não era adequado.

A cada dia, Bjorn e Silvia sentiam-se mais unidos pelo sentimento de amor que devotavam um ao outro.

Além dos exercícios de auto-conhecimento e do adestramento na fenomenologia de que eram portadores, muitas horas eram dedicadas à pesquisa em biblioteca especializada e na central de multimeios. Com isto transcorreram seis semanas quando completaram-se os estudos e estágios. Último dia, despedidas...

Jano, emocionado, expressou-se.

– Meus queridos amigos, aguardei-os por muitos anos desde que, pela primeira vez, nesta vida, encontrei-me aqui com meu estimado Sophos e revivi o planejamento dos quais ele era portador. Acompanhei-os à distância e os via com meu coração e meus sentimentos, como a filhos muito queridos, e com imensa alegria antevi o dia de sua chegada. Agora que os vejo quase a partir, digo que não estou infeliz nem triste, porque nossa separação é somente uma questão de espaço, mas saibam que os estarei acompanhado daqui, com o pensamento e o coração!

Sophos fez os agradecimentos de forma simples, serena e com sentimento, e Silvia, visivelmente emocionada, falou em nome de seus companheiros que não conseguiam articular palavras:

– Jano, Querido Amigo II... – todos acabaram por sorrir –, estamos felizes, eu e meus companheiros, e vejo à frente a missão que se descortina, sem retrocesso. Vejo, também, ou melhor, percebo os pensamentos claros das formas espirituais luminosas que se movimentam em nosso ambiente. Pensei, inicialmente, que estava tendo a visão de uma noite límpida e estrelada, mas agora identifico os seres luminosos como almas superiores que se caracterizam por sua bondade. Irradiam tanto amor que nos tocam os sentimentos. Afirmam que nos tem acompanhado há séculos e que foram designados para acompanharem a missão que objetiva o avanço da humanidade, quando teremos largas oportunidades de empregarmos totalmente, nosso aprendizado.

Todos permaneceram em silêncio e na sala surgiram vários pontos luminosos em movimento, em torno dos quais a luminosidade foi aumentando, tomando forma e em poucos instantes vários seres espirituais corporificaram-se e dois deles, um casal, aproximou-se de Silvia para dizer-lhe, com delicadeza:

– Silvia, amada, somos nós, querida, estamos aqui...

Silvia, em lágrimas, respondeu, abraçando-se aos dois espíritos.

– Meu pai!... Minha mãe!... Que saudades!...

* * *

Na viagem de retorno, novamente na aeronave, a conversa entretinha-se normal e versava sobre o período de estágio. Sophos, atraindo a atenção de todos, propôs a avaliação onde cada um poderia manifestar-se com liberdade. Pandiá de imediato levantou a mão e disse, sem rodeios:

– É fácil concluir que o estágio deu-nos maior consciência sobre as razões para a vida, todavia fico a pensar sobre a morte.

– Esclareça-nos melhor, Pandiá – solicitou Sophos.

– Atentem para o seguinte: o que diferencia os corpos animados dos inanimados é a condição vital. Um átomo de hidrogênio, de carbono ou uma molécula de óxido de ferro que se estruturam na massa planetária, que turbilhonam numa estrela ou se desintegram numa distante galáxia são os mesmos que se agitam nos vasos lenhosos ou liberianos de um vegetal, ou que circulam em nossos vasos linfáticos. Elementos da tabela periódica, hoje mais ampliada, transitam na pedra bruta que dormita no seio da terra, no ar que respiramos, na planta que ingerimos. Consequentemente a vida não pode ser atributo da matéria, senão toda matéria seria animada. Quero dizer que os compostos da matéria inanimada são os mesmos da vida organizada... Aquela é independente desta. Verifica-se claramente que os componentes da matéria tornam-se organizados, reagem uns sobre os outros, sob nítida diretriz, mantêm-se em coesão e se desenvolvem por determinado número de anos, numa forma corporal sob determinada condições de comando e de uma programação inteligente e, mais ainda, sob o comando direto da inteligência que dirige a vida organizada. E esta organização pressupõe um modelo organizador e limitador, ao qual a matéria lhe é inteiramente submissa. Concluo, ainda, que este molde organizador não é mais que um programa automático e de extrema flexibilidade que atende aos impositivos da hereditariedade somados aos princípios estruturais de que é formado. Sendo assim, há que existir um princípio ativo e inteligente, não material, capaz de animar o corpo e dirigir ou comandar o modelo organizador, receber, interpretar-lhe as ações e reações e comunicar-lhe a vontade livre e independente... – Pandiá falava com entusiasmo.

– Ora, se por algum motivo há algum desgaste pelo natural envelhecimento ou desorganização por interrupção gradativa ou brusca do fluxo vital do corpo, haverá o fenômeno natural morte, significando que a inteligência primordial naturalmente desliga-se ou é expulsa do vaso que a continha.

"O que se torna mais importante é que esta centelha animadora da vida tem que forçosamente sobreviver à morte do corpo e que se convencionou chamar de espírito.

"Sendo, no universo, tudo solidário, como temos visto, num encadeamento perfeito, a vida, como indica, propriamente, seu nome é imortal imperecível, eterna e multiforme. Se a vida é universal, haverá, forçosamente, uma fonte primordial e única, original e criadora..."

– Deduz-se ainda, Pandiá – interferiu Sophos –, que, se não existisse a morte, a vida estaria nos mesmos estágios iniciais numa espécie de caldo gelatinoso flutuando na tepidez dos primeiros oceanos: a mônada primeira.

Tracy levantou o braço indicando que desejava falar:

– Diga, Tracy.

– Quero acrescentar que a variação do tempo de sobrevida de indivíduo para indivíduo indica que cada ser tem uma carga ou *quantum* vital, o que poderíamos chamar de curva da vida. Esgotados os recursos vitalizantes e cumprida a finalidade do corpo para a qual foi criado, faz-se presente o fenômeno morte para, consequentemente, libertar a 'vida' que se mantinha, temporariamente, enclausurada nele. Não vejo o corpo humano, a matéria propriamente dita, existindo senão com a finalidade de disciplinadora, educativa e mantenedora de uma ordem ou finalidade de correção na marcha da evolução.

"Por analogia, ouso acrescentar, ainda, que processo semelhante ocorre com os planetas, sistemas solares e a multiplicidade de galáxias, que têm nascimento, período de vida e morte. A Terra, por sua vez, teria o seu "*quantum* vital" para abrigar, em seu seio, a humanidade desde o eclodir, passando por todas as etapas evolutivas até a complementação do progresso de que o planeta é capaz de suportar. Deste modo, nesta carga vital, estão colocados todos os recursos naturais necessários, com margens de segurança, para a manutenção da vida em seu bojo, até o esgotamento normal que deveria coincidir com o completo desenvolvimento da humanidade, nos limitas previstos.

"Infelizmente, assim como o homem exonera-se da responsabilidade com a sanidade e estabilidade física do próprio corpo, abreviando-lhe a vida, ele mutila os recursos planetários, que, sem reposição, apresenta precoce envelhecimento e morte prematura.

"Posso concluir, em concordância com o que já ouvimos, que os fenômenos considerados aleatórios e ocasionais, por nossa falta de visão mais dilatada em termos de tempo e de espaço, são cíclicos e indicam, sem dúvida, um plano magnificamente elaborado por uma inteligência suprema e perfeita."

A conversa prolongar-se-ia por mais tempo, no entanto, interromperam em virtude do aviso do início dos procedimentos de pouso.

No terminal aeroviário, foram recebidos por um mensageiro do administrador que os levou diretamente para a residência do mesmo, à exceção de Bjorn e Silvia.

14. A Missão

À noite, após ligeira refeição, Bjorn, já em sua residência, dirigiu-se à varanda debruçada sobre o promontório e acomodou-se na poltrona.

As estrelas, agora um pouco mais brilhantes e mais visíveis que em outros tempos, mostravam-se no céu escuro. E Bjorn admirava-se de estar apreciando a beleza daquele momento. Havia nele um sentimento que não identificara antes, concluindo que os sentidos do bom e do belo adormecem em cada criatura, bastando deixá-los fluir em liberdade.

Seus pensamentos vagavam leves como a viração e identificava-se transformado, desde aquela tarde, a vez primeira em que sentara-se ali mesmo para meditar. Quantos acontecimentos em tão pouco tempo: o debate, o encontro com Sophos em seu quarto, o encontro com Silvia... Ah!... que criatura extraordinária, como se identificara com ela que sutilmente entrou em sua vida... Sentia-se feliz só por lembrar-se dela, pois a amava intensamente. Era como se a aguardasse por toda sua existência... Que surpresas a mais haveriam de acontecer? Por fim adormeceu ali mesmo acalentado por felizes pensamentos.

* * *

Naquele mesmo instante, Silvia, em seu alojamento, não conseguia conciliar o sono. Levantou-se e foi caminhar entre as alamedas floridas do jardim. Flores noturnas e exóticas exalavam delicado perfume quando ela deixou-se embalar por felizes pensamentos que traziam ao coração as lembranças de Bjorn. Seu porte, o rosto bonito e bem marcado, a delicadeza dos gestos associados à firmeza de sua personalidade, o carinho que a ela dedicava, buscando adivinhar-lhe os mais íntimos pensamentos. Sim amava-o muito e a vida ganhara um significado que até então lhe era desconhecido. Sentia-se feliz, pois era como se o aguardasse, no transcurso da vida. Silvia, tomada de profunda emoção, voltou para seu quarto. Mal se deitara, entrou em transe sonambúlico e viu-se, de imediato, ao lado de seu amado na varanda do promontório. Ele pensava nela, concluiu ao identificar-lhe os pensamentos. Acariciou-lhe o rosto, delicadamente beijou-lhe os lábios e acomodou-se ao seu lado, apoiando a cabeça em seu ombro. Assim sentiu-se adormecer aconchegada a Bjorn.

No outro dia, pela manhã, atendendo à convocação do administrador, todos se encontraram na sala de reuniões da Governadoria. Na hora prevista, o administrador chegou com um sorriso de satisfação estampado no rosto. Cumprimentou a todos, ocupou, na mesa, o lugar que lhe era reservado e falou, sem muitos preâmbulos:

– Meus amigos!... Sophos já me notificou, com relato preciso, a sua presença no continente sul americano e Jano notificou-me a respeito do excelente desempenho de todos. Acredito que agora encontram-se preparados para as novas missões.

– Operação Resgate e Operação Lua, senhor administrador?... – perguntou Alex, demonstrando sua curiosidade. O administrador sorriu e respondeu:

– Correto, meu caro jovem, e muito além. Uma tarefa que, no momento, ultrapassa os limites de sua imaginação...

– E para quando, senhor?... – interrogou Pandiá.

– Somente posso dizer, meu amigo, que tudo acontecerá na época certa e com todas as condições favoráveis. Será belo e grandioso. Nem Sophos, nem eu estaremos mais aqui... – sorriu significativamente e concluiu:

– Vamos cuidar do planos do momento, concordam?... – todos assentiram afirmativamente, com a cabeça.

– Tive notícias de que os militares planejam invadir um dos acampamentos dos Filhos da Luz para fazê-los prisioneiros ou exterminá-los, e isto não é bom, nem o que se deseja. Não podemos concordar com novo holocausto. Temos que nos antecipar a eles.

– Como, senhor?... O exército não lhe é diretamente subordinado?

– Realmente, Tracy, no entanto já havíamos conseguido com o Alto Comando a limitação de sua amplitude de ação. Não mais incursões ofensivas, e sim atitudes defensivas, até os limites da cidade. Mas, presos ainda às expressões aguerridas que os caracterizam, não compreendem que podem ser úteis à coletividade mesmo em tempos de paz, porque, de certa forma, não temos inimigos e não há de quem se defender ofensivamente.

– Então por que, através de um decreto, não se torna extinto o militarismo?... – perguntou Silvia.

– Eles foram treinados por gerações e não podemos, de imediato, encerrar sua atividades. Seria um caos na sociedade, uma vez que não saberiam o que fazer. Eles ressentem-se com as modificações que imprimimos às fábricas de armamentos, transformando-as em fábricas de implementos agrícolas e de instrumentos para a medicina, que usa os mesmos componentes eletrônicos. Não permitimos mais abertura de vagas para a carreira militar, de tal modo que já há um recrudescimento do efetivo aquartelado. A desativação é gradativa cuja finalização é tarefa para mais adiante.

Infelizmente, apesar de nossa estrita vigilância, alguns radicais são capazes de tentar sublevar a ordem e, impulsionados por seus instintos, tomar atitudes que seriam nefastas para os Filhos da Luz e para a humanidade, como terrível chaga, principalmente nesta delicada fase de transição. Temos de nos antecipar e, com os acontecimentos que estamos prevendo, eles não terão mais razões para agir.

Havíamos planejado, na última reunião, que Alex, Alan e Tracy encarregar-se-iam da Operação Resgate, que se caracteriza pela ação junto ao Filhos da Luz. Silvia e Bjorn demandariam à Operação Lua. Há alguma discordância, sugestões ou novas propostas?

Nenhum dos presentes manifestou-se. Apenas Pandiá mantinha no rosto uma expressão de surpresa e expectativa, percebida pelo administrador, que se dirigiu a ele.

– Não fique aflito, Pandiá. Por sua facilidade de intuição, você será muito útil como elo de ligação entre os grupos e nossa base. Contamos com sua possibilidades telepáticas, o que nos permitirá tomemos conhecimento dos acontecimentos e passarmos instruções, uma vez que os processos comuns de comunicações poderão ser detectados, o que seria extremamente perigoso para os grupos de ação, colocando em risco todo o esforço despendido. Nenhum deles poderá ter a mais leve consciência de que serão monitorados à distância.

Apesar do bom desempenho de vocês nos treinamentos iniciais, sugiro que façam exercícios específicos para essa modalidade de ação. Sem mais tardar, dentro de uma semana deflagraremos a Operação Resgate. Vocês têm alguma coisa a dizer?...

– Penso, senhor, que não será fácil e que nos será exigida muita paciência, quando deveremos colocar, ao lado da técnica, os fatores mais imponderáveis: a emoção equilibrada e o sentimento apurado... – acrescentou Alex.

– Sem nos esquecermos de que lidaremos com criaturas atormentadas e revoltosas – exclamou Tracy –, ludibriadas por inteligências fanáticas. Assim comportam-se, creio eu, por não conhecerem nada melhor.

Silvia, desejando oferecer sua contribuição, resolveu participar do diálogo:

– Será necessário, também, aliar ao sentimento a segurança, a autoridade moral, a confiança nos propósitos, sem jamais perder de vista a consciência do perigo que estarão correndo. Eles são, como nós, parte da humanidade. Não se pode ter a pretensão de modificá-los. Na verdade ninguém poderá modificar-lhes o ânimo e a consciência, a não ser ele mesmos, entretanto...

– Entretanto – Alex acrescentou, captando o pensamento de Silvia – poderemos oferecer oportunidades para a reflexão e, sobretudo, o exemplo.

– Creio, meus amigos, que vocês sintetizaram tudo.

– Como manteremos contato com a base? – perguntou Alex.

– O quanto puderem, transmitam tudo pelos micro-aparelhos que levarão consigo. Eles estarão permanentemente ligados numa direção, e somente haverá diálogo em casos extremos, mediante sua sinalização. Vocês também determinarão o dia e horário convenientes para as tentativas telepáticas com as possibilidades de Pandiá.

Bjorn, que até então se mantivera em silêncio, demonstrou seu interesse pelo assunto:

– Como chegaram à conclusão de que o momento é propício?

– Há algum tempo nós os temos monitorado durante as vinte e quatro horas diárias, através de um satélite robô que deslocamos para uma órbita estacionária. Periodicamente temos emitidos sinais em ondas passíveis de intercomunicação, mas eles tem sido refratários ao diálogo, apesar de registrarem,com clareza, nossas emissões. Nossos sensores indicam a recepção na central deles. Alguém, nesses instantes, acha-se diante do receptor principal, acompanha nossa fala, não retransmite e, depois de algum tempo, desliga. Não ousamos transmitir imagens a fim de não perturbá-los, pois não confiam em nossas intenções. A presença de vocês será um acontecimento inesperado e a mudança de vozes, de entonação, de inflexão, acrescida da visualização direta dos 'do outro lado', por todo o grupo, abrirá, aos pouco, um canal, e isto ocorrerá somente quando descobrirem, em vocês, pessoas comuns e quando puderem tirar proveito da situação. A partir daí, então, é que se inicia a Operação Resgate e, além de tudo, os riscos...

– Estamos consciente disso, senhor administrador, e acho que posso falar por todos... – aduziu Alan.

– Observem que nosso diálogo tomou um acento grave. Mas o assunto requer gravidade e circunspecção. A vitória dependerá do desempenho de todos e ela será computada à humanidade. Todos estaremos engajados nesse mister e garanto-lhes que, por uma postura de grupo coeso, conquistarão alguns, estes atrairão outros e assim por diante em efeito multiplicador, pois as atenções convergirão intensamente sobre vocês e quaisquer deslizes poderão ser comprometedores. Por enquanto nada mais tenho a acrescentar.

– E quanto à Operação Lua, senhor?

– Esta, Bjorn, não terá características diferentes, porém é conveniente adiantar que, por questões de segurança, não deveremos empregar os meios usuais de comunicação, de sorte que estabeleceremos com o amigo Sophos os momentos para as experimentações telepáticas, em virtude de sua grande afinidade com Silvia. Alguém deseja algum esclarecimento?

– Gostaria de saber se há possibilidade de intromissões estranhas durante a experimentação de telepatia – perguntou Tracy.

– Creio que Sophos poderá responder-lhe com mais propriedade.

– Em nosso caso, para o que nos propomos, não é possível – adiantou-se o Mestre. – Nos meios usuais de comunicação, onde são utilizados variados tipos de frequências e de ondas, a interferência é passível de acontecer, desde que se descubra a onda operacional, a frequência correta para estabelecer a sintonia. Isto depende, como vocês sabem, de equipamentos próprios de emissão, recepção e de varredura. No entanto, quando se trata das potencialidades psíquicas, os níveis de percepção são mais específicos e críticos.

Os portadores de baixas frequências em seu psiquismo não são capazes de acessar os de níveis superiores. Há um bloqueio, de ordem natural, nas limitações do próprio indivíduo. A não ser por um esforço, fruto da vontade associada ao sentimento, ou quando um indivíduo portador de frequência de níveis superiores, mais consciente, reduza o seu padrão vibratório e, ao mesmo tempo, promova o significativo aumento da frequência do outro, a fim de que, de certa forma niveladas, venham produzir a sintonia desejada para a comunicação mental, a percepção auditiva, visual ou ambas, em simultaneidade.

“Na estrutura da comunicação psíquica está a mente, na plataforma da comunicação mental está a sintonia e, na base da sintonia, está o coração.”

– E a interrelação mental inconsciente entre as criaturas de todos os níveis psíquicos?... – perguntou Pandiá, participando novamente do interessante diálogo.

– No mundo em que vivemos, meu amigo, muito embora as diferenças peculiares a cada criatura, há um campo global vibratório, uma espécie de atmosfera psíquica que o caracteriza, significando assim que todos, na hierarquia dos mundos, pertencemos a um mesmo nível.

"Mergulhados, como nos encontramos, nesta psicosfera, influenciamos e somos influenciados de modo contínuo, com inteira liberdade e responsabilidade pessoal de aceitarmos ou rejeitarmos a oferta gratuita da influência, e o fazemos, ou inconscientemente, de acordo com nossa educação e conquista morais já alcançadas, ou conscientemente quando avançamos mais e identificamos, antecipadamente, o nível de influenciação recebida.

"Considerando o universo inteiro mergulhado e respirando numa atmosfera única, primordial e elementar, pressionada pelas emissões mentais, não há distâncias que elas não alcancem e os limites são proporcionais à potência da fonte emissora."

– Deste modo, Mestre – aduziu Alex – , poderíamos ampliar o nosso grupo e influenciar positivamente os Filhos da Luz! Não quero dizer com isto que coloco o nosso grupamento na conta de espíritos superiores.

– Compreendi sua intenção, contudo, nossa influência seria inócua em se tratando de mudança de comportamento, principalmente de uma coletividade hipnotizada por líderes fanáticos. Os germens do bem e do amor jazem latentes em cada espírito Filhos da Luz, como se intitulam, ou filhos da Luz que somos todos nós.

"Há milênios que se faz presente, desde as origens do homem, a onda do amor universal para libertá-lo das escuras prisões da ignorância para a luz meridiana da verdade, sem imposições, além das que existem, por bondade divina, inseridas na lei do progresso.

"A saga da libertação sempre acompanhou o espírito humano, de dentro para fora por imposição natural da lei universal implantada na consciência, e de fora para dentro pelo estímulo educativo de missionários que durante toda a história da humanidade fizeram-se presentes, no mundo, junto aos povos para destravar o progresso, levando-os a recordar, pela emersão gradativa dos capítulos da lei. E o estímulo educativo mais significativo foi promovido pela presença do próprio Cristo, o Messias, o verdadeiro Mestre, diante do qual curvo-me com profundo respeito e gratidão, que numa síntese perfeita apresentou os dois maiores mandamentos da lei divina que resumem todos os deveres da criatura para com Deus, para com seu semelhante e para consigo mesmo!... Ele é o nosso exemplo e símbolo. Façamos o mesmo!

Sophos calou-se com os olhos marejados e, após algum tempo de absoluto e respeitoso silêncio, o administrador sorriu e falou:

– Poderemos encerrar, por hora. Quanto à Operação Lua, trataremos no próximo encontro.

– Antes de concluirmos, senhor, gostaria de expressar meu pensamento – interferiu Bjorn.

– Perfeitamente, meu filho – concordou o administrador, respondendo carinhosamente ao seu interlocutor.

– Este é, também, o pensamento de Silvia, pois conversamos a respeito. Vemos a importância dos empreendimentos, tanto da Operação Lua quanto da Operação Resgate; compreendemos a confiança e as esperanças que estão sendo depositadas em nós; alcançamos, ainda mais, a nossa insignificância diante de tudo, mas acredite, senhor administrador...

Bjorn calou-se por segundos para controlar a voz alterada por profunda emoção:

– Acredite que oferecemos o nosso sentimento tanto quanto nossa inteligência e o melhor de nossos esforços... – e Bjorn, não pode continuar.

O administrador levantou-se, abraçou Bjorn e, depois, a cada um dos presentes também contaminados pela emoção e disse-lhes:

– Tenho não apenas confiança em vocês, mas também os tenho a todos na conta de filhos muito queridos... É o bastante, por agora. Vamos descansar!

* * *

O dia pareceu ter surgido um pouco menos acinzentado que o anterior. Havia uma sensível alteração e, se os sensores atmosférico fossem consultados, talvez indicassem que o sistema de despoluição projetado e executado pela B-III prosseguia em andamento. Foi o que concluíram Alex, Alan e Tracy, mas não havia tempo, àquela hora, para consultas.

A Central de Comunicações era uma sala espaçosa repleta de sofisticadas aparelhagens de avançada tecnologia.

O três amigos adentraram à sala acompanhados pelo administrador e assentaram-se diante de painel vertical com inúmeros módulos iluminados com sinais, gráficos senoidais, *leds* de cores variadas, traços e números indicativos.

O administrador apresentou-os aos técnicos e, a seu pedido, um deles esclareceu:

– Seguindo à risca o planejamento estabelecido, há uma semana que temos, sistematicamente, feito chamadas buscando estabelecer contacto de áudio, embora saibamos que não iriam responder. Vejam que esta linha de diodos vermelhos emissores de luz, piscando continuamente, indicam que os receptores de vários grupamentos, inclusive o principal, estão abertos, em permanente escuta.

– E estes outros verdes, logo abaixo dos vermelhos? – perguntou Tracy.

– Os acesos indicam que estão registrando, de algum modo. Podemos concluir mais, por exemplo, um dos *leds* pisca mais rapidamente, pois corresponde a um receptor de maior potência localizado no grupamento principal. Se vocês olharem no mapeamento verão esta indicação com um *led* piscando do mesmo modo. Não há dúvidas. Os círculos concêntricos luminosos em torno de cada *led* significa um sem número de receptores particulares, não independentes, pois, por precaução dos líderes, estão ligados em rede aos centrais.

– Você já possui alguma indicação propícia para a incursão ou abordagem ao grupamento principal? – perguntou o administrador ao técnico mais graduado.

– Tenho sim, senhor!... Quinze dias a contar de hoje.

Os três amigos permaneciam intrigados com tantas informações, o que não passou desapercebido pelo técnico, que se apressou em esclarecer.

– Há uma incrível regularidade de comportamento do líder, que imprime a mesma regularidade para todo o clã. Vou enumerar: mesmo em deslocamento nômade, os grupamentos sempre permanecem equidistantes do grupamento principal; regularmente o líder maior visita todos os congêneres e essa visita dura exatamente quinze dias; sabemos de sua ausência porque a estação receptora central permanece ligada, o que não ocorre quando de sua presença (neste caso, somente seu receptor particular permanece ativo); sua ausência é confirmada pelo deslocamento de seu veículo monitorado por satélite e a sequência de sua vista segue sempre o mesmo roteiro. É curioso observar que os receptores dos diversos grupamentos vão sendo ligados, também em sequência, o que corresponde à sua saída daquele grupamento; queremos crer que o receptor central é ligado por sua autorização, para gravar as recepções. E, após seu retorno, ele assim permanece por mais um dia, para recuperação e 'leitura' dos registros.

– E quais serão as próximas etapas? – questionou Alex.

– Há algumas semanas temos feito chamadas todas as manhãs, com regularidade, solicitando resposta e, a partir de hoje, deixaremos de modular por três dias consecutivos. Isso irá intrigá-los e os deixará com dúvidas se voltaremos ou não às chamadas. Findo esse prazo, vocês entrarão no ar, substituindo-nos. Eles não poderão deixar de notar as mudanças de vozes e de procedimentos. O objetivo é desnorteá-los, de certa forma. Por algum tempo estarão com vocês até se identificarem ou familiarizarem-se com o novo modo operacional, de tal forma que permaneçam quase íntimos uns dos outros, vocês e eles. Isto terá grande importância quando tiverem que se confrontar. Na subconsciência de cada um, vocês serão um deles.

"Neste arquivo – e o técnico graduado indicou na tela do monitor um ícone – há tudo o que pudemos coletar, todos estes anos, sobre os Filhos da Luz. Daqui para diante podem assumir e aproveitar para conhecê-los melhor nestes três dias de silêncio. Agora é com vocês e, se necessitarem de qualquer coisa, não deixem de me solicitar. Até breve!" – e, em seguida, retirou-se, estampando no rosto um sorriso simpático.

Após uma série de procedimentos lógicos, de abertura de arquivos, detiveram-se no que mais lhes despertou interesse: "Filhos da Luz – Características básicas (Síntese dos dados coletados pela equipe de analistas de personalidade)". Uma vez aberto o arquivo, encontraram listado:

Inteligentes e belicosos; sensíveis e irritáveis; grande emotividade sufocada; insegurança; vaidosos e arrogantes; maldosos por ignorância; alto índice de submissão a uma liderança forte; infelizes.

– Então, amigos! – propôs Alex – devemos aproveitar alguns fatores de suas características, como: a inteligência, sensibilidade, irritabilidade, vaidade e arrogância. Os demais fatores poderão ser explorados em outro momento.

– É preciso levá-los a falar – acrescentou Tracy –, mas aguardemos!

* * *

Passados os dias previstos, os três amigos novamente se encontraram na mesma sala e deram prosseguimento ao plano elaborado:

– Há três dias que estão na expectativa de nossa possível chamada, e o faremos durante dois dias seguidos – apontou Alex. – No entanto, nada falaremos. A pressão de nossos sinais eletrônicos efetuará pequena, mas perceptível interferência em seus aparelhos, o suficiente para deduzirem que estamos modulando. O que não saberão é se temos ou não condições de invadir-lhes as frequências para ouvi-los e isto fatalmente os deixará em estado de dúvida. Pequenos serão os espaços que levam da dúvida à insegurança, da insegurança à irritabilidade, da irritabilidade à arrogância. Nesta fase é bem certo que eles falem, seja lá o que for. Por favor Alan, ligue os equipamentos!

Alan tocou levemente a tela do monitor e este acendeu-se deixando ver uma série de retângulos com símbolos. A um toque de dedo num deles, miríades de sinais surgiram em sequência rápida estabilizando-se em círculos concêntricos em séries contínuas partindo do centro para a periferia e, ao mesmo tempo os dez ledes do painel piscaram em intervalos regulares.

– Já estamos emitindo – exclamou Alan, entusiasmado. – Vejam, os *leds* verdes acenderam-se! Isto quer dizer que os seus receptores registram nossa interferência.

– Mas agora os vermelhos estão se apagando e acendendo com piscadas irregulares. Como você interpreta? – perguntou Tracy.

– Que estão se comunicando entre si. Logo tentarão eliminar nossa presença, aguardemos!...

De fato os *leds* vermelhos foram-se apagando um a um, seguidos dos verdes.

– E conseguirão, em definitivo? – perguntou Alex.

– Apenas por algum tempo, enquanto quisermos, pois vou desligar nossas emissões para dar-lhes a falsa impressão de que conseguiram...

Alan desligou toda a aparelhagem e, após quinze minutos, reiniciou todo o processo. Isto se repetiu por quase duas horas e quinze minutos, seguidas das tentativas de eliminação das indesejáveis interferências.

– Alex, você tem alguma sugestão? Até agora estamos seguindo os procedimentos programados.

– Agora é preciso mudar de tática. Não desligue mais nossos transmissores. Vendo esgotadas todas as suas possibilidades, lhes restará, apenas a mudança de frequência de toda a rede, o que será extenuante e demorado.

– Então conseguirão, por fim, livrarem-se de nós? – interrogou, Tracy.

– Aparentemente, sim!

– Aparentemente?

– Tracy, nossos equipamentos tem um grau de sofisticação inimaginável – respondeu Alan. – O sistema de rastreamento é capaz de identificar, imediatamente, qualquer frequência. Mas continue, Alex!...

– Quando efetuarem a permuta e o sinal de rastreamento indicar a busca automática, desligaremos nossa interferência por apenas uma hora. Sentir-se-ão vitoriosos e seguros, novamente. Assim terão uma pequena trégua e nos permitiremos descansar um pouco. Em seguida, ao voltarmos à carga, sentir-se-ão extremamente inseguros. É quando reiniciaremos todo o processo, na nova faixa, num jogo de inteligência e psicologia. Vendo frustrados seus esforços, crescerá o sentimento de irritabilidade.

– Você fala com muita segurança, Alex – interrompeu Tracy, esperando alguma resposta de Alex.

– É que, à medida em que fomos avançando, eu os fui sentindo e percebendo suas reações, e é necessário aproveitemos o que eles tem a oferecer, com vistas aos nossos objetivos. Garanto-lhes que hoje teremos trabalho o dia inteiro.

"Também será necessário que nos revezemos e nossos procedimentos serão os seguintes: a cada mudança de frequência que os nossos amigos definirem, faremos o rastreamento, mas não de imediato, e sim a intervalos irregulares, de quinze, vinte, quarenta minutos ou outros, a fim de que não tenham conclusões a respeito de nossas reais potencialidades. Ao descobrirem que lhes é impossível eliminar nossa interferência, passarão da irritabilidade à arrogância e tomarão a iniciativa de buscarem contacto, segundo seu pensamento, antes que nós o façamos. Deveremos ter a humildade suficiente para aceitar este fato. Será importante para eles, em seu orgulho ferido, demonstrar destemor e iniciativa. Pararemos ao anoitecer e depois faremos a avaliação dos resultados."

Como Alex previra, o dia transcorreu num jogo de paciência e de inteligência, de ações e de reações, extenuante, e sua sensitividade permitiu passar informações preciosas a respeito das reações dos Filhos da Luz e dos procedimentos a serem adotados.

Por fim, ao entardecer, interromperam as atividades e, após ligeira alimentação e algum descanso, reuniram-se na sala ao lado da Central de Comunicações.

– A esta hora, os nossos amigos deverão estar reunidos para avaliarem a situação e buscarem alternativas para amanhã.

– Acredito que sim, Tracy, e eles devem estar cansados dessa situação, assim penso que deveríamos demonstrar, amanhã mesmo, que nós temos melhores condições.

– Não, Alan – respondeu Alex. – No momento isso seria humilhante para eles e ufanismo para nós, o que precipitaria os acontecimentos.

Precisamos, sim, dar-lhes a sensação de pequena vitória, e isto não os contentará. Desejarão ardentemente que não se desfaça a sintonia a fim de sentirem o gosto de uma vitória final. É preciso que se mantenham interessados, mesmo a contragosto, para que cada vez mais o elo de ligação, conosco, se complemente.

"Em breve seremos seus conhecidos, pois todo o grupamento saberá de nossa 'inusitada' tentativa e a curiosidade será geral., compreendeu?... Amanhã operaremos somente pela manhã, quando, repentinamente, desligaremos tudo e somente voltaremos a modular bem mais tarde.

– Neste caso – propôs Tracy –, acionemos a aparelhagem por apenas duas horas, com novo procedimento, a intervalos de rastreamento cada vez menores para identificarem sucesso crescente, a contragosto deles. Em seguida desligaremos, em definitivo, pressupondo pane por sobrecarga e faremos novo contacto somente daqui há um dia, tempo suficiente para supostos reparos. Eles estarão aguardando, tenham certeza, e ansiosamente. Nesta nova fase, então, aceleraremos a ação, de modo que fique uma espécie de jogo de teimosos.

– A idéia é boa Tracy!...

– Devemos colocá-la em prática!...

* * *

Naquele mesmo instante, entretanto, no acampamento dos Filhos da Luz:

– Comandante – falou um oficial subordinado –, estamos todos aqui, senhor, podemos iniciar!

– Pois bem, senhores, quero uma avaliação completa, com prognósticos... e rápido!

– Permissão para falar, comandante!

– Concedida!

Sou o sub-oficial da Divisão de Comunicações, senhor, e tenho a relatar que eles possuem equipamentos poderosos e interferem permanentemente em nossas transmissões.

– E o que você tem feito? – perguntou o comandante, com rispidez.

– Temos alterado nossas frequências, mas a cada mudança eles descobrem, são diabólicos e irritantes! Mas obtivemos grande vitória, comandante, graças à diligência de nosso grupamento, sob seu comando, e à sabedoria do chefe da Divisão de Comunicações: eles silenciaram de vez. Habilmente ele os levou a acelerarem o programa de buscas de nossas frequências até que o sistema deles apresentou pane por sobrecarga – o sub-oficial falou com tal ênfase que provocou aplausos dos presentes.

O comandante, muito irritado, deu um soco na mesa improvisada e esbravejou:

– O que querem esses imbecis, afinal? O que querem? Pelo que conheço dessa gente, eles voltarão à carga.

– Não sabemos, senhor, mas o sub-oficial para assuntos estratégicos tem uma teoria.

– Pois que fale – respondeu secamente.

– Comandante, há dias que eles vêm tentando dialogar conosco, com intenções, presumo, de humilhação e domínio. Sob esta perspectiva, limitamo-nos a ouvir seus chamados sem qualquer resposta de nossa parte.

– Pois fizeram muito bem e nada mais que mera obrigação. Continue!

– Inesperadamente pararam por três dias e, em seguida, voltaram a insistir em seus propósitos. Observando a mudança do modo operacional, deduzimos que novo pessoal ocupou o lugar do anterior, que deve ter-se cansado. Considero uma significativa vitória a nosso favor. O novo grupo é insistente e provocador. Mantém-se em completo silêncio, mas opera com facilidade em nossas frequências com nítido intuito de ouvir nossas transmissões. Assim, de imediato, ordenei que fossem limitadas ao estritamente necessário e em código, por medida de precaução.

– Se isso continuar, avisem-me imediatamente – disse com autoridade –, pois eu mesmo comandarei essa operação.

– Será uma honra tê-lo no comando, senhor – respondeu o interlocutor com falsa humildade.

O comandante levantou-se abrupto, quase a derrubar a cadeira onde se encontrava, girou sobre os calcanhares e, sem despedir-se, saiu da reunião, de forma rude, pisando forte.

Dois dias se passaram sem qualquer indicativo da presença do 'inimigo', no painel de controle dos aparelhos da sala de comunicação dos Filhos da Luz. Os únicos sinais eram os que correspondiam às outras bases, postos avançados ou acampamentos congêneres. Nada mais.

Na manhã do terceiro dia, porém:

– Comandante!... Comandante!... – um ajudante de ordens entrou apressado na barraca de comando. – Avisem ao comandante que as interferências recomeçaram!

Não se haviam passados dois minutos quando o comandante entrou na Divisão de Comunicações e assentou-se diante da vaga que havia no painel de controle.

– O que está ocorrendo? – inquiriu.

– Apenas estática, senhor!... E garanto que há uma nova modalidade. Não existe, por hora qualquer fator atmosférico, em nosso raio de ação, que possa gerar estática com tal intensidade. Parece-me que repararam o defeito.

A estática parou bruscamente da mesma forma como iniciara, na faixa de onda, e os múltiplos sinais luminosos indicadores de interferência começaram a surgir nos vários quadrantes do painel, como nos dias anteriores.

– Comandante, veja no diagrama de seu monitor as linhas oscilantes da nova frequência que estabelecemos, acessíveis aos nossos equipamentos...

– Então, use-a!

– Sim, comandante. Atenção, operador, usar o módulo *A*.

O operador procedeu a uma série de toques na tela de seu monitor e, tanto na tela quanto num dos quadrantes do grande painel vertical que se mantinha oscilante, acendeu todos os indicadores, inclusive senóides que se desenhavam e passavam velozes, quase imperceptíveis. Com isto, o círculo amarelo no centro do quadrante foi diminuindo até que se apagou de todo.

– Viva!... Viva!... Perderam-nos!... – exclamou o operador, com satisfação. – Deu certo!

A sala permaneceu em silêncio por cerca de trinta minutos com todos os pares de olhos pregados no painel, até que novamente o círculo amarelo reapareceu no centro do quadrante.

– Que maçada! – espantou-se o sub-oficial das comunicações. – Aí estão eles de novo. Permissão para prosseguir; comandante.

– Permissão concedida. E não precisa pedir permissão para prosseguimento! Prossiga, simplesmente! – esbravejou, com irritação.

O operador repetiu as ações anteriores, com novos parâmetros, e um segundo quadrante estampou-se na tela e no painel, com as senóides em outro padrões de velocidade. Desta feita o tempo de escape reduziu-se de trinta para vinte minutos, sob a orientação do próprio comandante, visivelmente contrariado, e o que mais o aborrecia era o fato de que as novas ondas empregadas eram encontradas pelo inimigo com maior rapidez. Agora três minutos eram suficientes para serem rastreados.

– Esperem! Usem as frequências conjugadas! Ordene ao computador para utilizar a média de todas as que já empregamos, até agora! – mal terminou os procedimentos com o acendimento de mais um quadrante, o círculo amarelo surgiu na parte central, como se aguardasse o momento certo para surgir. Inapelavelmente qualquer oscilação programada era reconhecida, de imediato, com precisão. Era espantoso!

– Esgotamos, comandante, todos os processos articulados para hoje, mas vamos fazer novos ensaios, por análise combinatória...

– Parem, idiotas! Não perceberam ainda que estamos sendo dirigidos por eles? Estamos atendendo às suas solicitações! É hora de comandarmos a cena, eles é que nos seguirão. Saiam dos monitores!... Eu mesmo operarei sozinho sem interferência de ninguém.

Ato contínuo, empurrou o operador, ocupando o seu lugar. Segurou, com firmeza, o grande botão do *dial* e fixou o olhar nas indicações de frequências nomeadas de *A* até *E*. Esperou algum tempo e todo o sistema se estabilizou parando na indicação *E*. O comandante, ora a intervalos curtos, ora longos, e com variação aleatória, ia permutando de *A* para *E*, de *E* para *B*, de *B* para *C*, e assim por diante, sem qualquer preocupação com sequência lógica. Invariavelmente os indicadores demonstravam que, no outro lado, os contendores seguiam docilmente a ação do comandante, que dava estrepitosas gargalhadas:

– Eu estou no comando! Vejam, eu estou no comando!

* * *

– Pare, Alan, pare! – exclamou Tracy. – Há outra pessoa operando. Não estamos mais determinando as alterações. Eles alteram e nós os seguimos...

– Isto é bom!... Muito bom!... – comentou Alex. – Estamos realmente ligados, é o que queríamos... Digo com toda a certeza: é o próprio comandante quem opera nesta hora. Vamos segui-lo por mais cinco minutos para depois estacionar e imobilizar o rastreamento num único padrão. Estejam atentos, pois eles tentarão arrastar-nos. Vejamos o que vai acontecer.

* * *

– Vejam só os idiotas – divertia-se o comandante –, seguem-me como se fossem meus cachorrinhos! Estão nas minhas mãos... nas minhas mãos!... – gritava estentoricamente.

– Que é isto?... Pararam?... – gritou o comandante ao perceber que os operadores do outro lado não mais o seguiam. – Que idiotas! Venham, seus bobalhões!... Sigam-me!...

* * *

Enquanto isto, na base de operações:

– Espere mais um pouco Alan, deixe-o tentar conduzir-nos, à vontade... Só mais um pouco. Isto. Mais um pouco – orientava Alex. – Agora, abra todas as frequências... de uma vez... Ele não resistirá e vai falar. Prepare-se, Tracy, você irá conversar com ele. Sinta-o e deixe fluir a intuição!

– Não, Alex. Essa tarefa delicada só você poderá fazer.

* * *

No acampamento, os Filhos da Luz alarmaram-se. De repente, todo o painel transformou-se quando todos os indicadores passaram a piscar, girar senóides, luzes e pontos coloridos de modo acelerado e desordenadamente.

– O que vem a ser isto, operador? O que está acontecendo?

– Senhor, só pode ser por uma causa: estão interferindo em todos os nossos padrões de uma só vez e não temos como evitar.

– Esperem – gritou o comandante, vaidosamente –, vamos obrigá-los a falar.

E, num gesto brusco, tomou do microfone, ligou a emissão e falou autoritário:

– Aqui é o comandante dos Filhos da Luz! Identifiquem-se! Identifiquem-se imediatamente!

Passados alguns segundos, ouviram a voz clara de Alex, sem afetação ou falsidade, sem qualquer denotação de arrogância:

– Aqui é Alex, da Central de Comunicação da Governadoria!... Alex... da Central... de Comunicações... da Governadoria!... Desculpe-me, comandante!... Desejávamos apenas parlamentar e estamos buscando um caminho, uma forma que nos permitisse sintonizar. Não é nosso desejo causar qualquer transtorno!

– Pedidos de desculpas indicam fraqueza, e isto soa-me falso, falsa humildade!

– Engano, comandante, e, com todo o respeito ao seu posto e autoridade, meu pedido de desculpas é por entender que causei algum incômodo desnecessário!

No acampamento, os circunstantes ameaçaram esbravejar, mas o comandante impôs silêncio, fechou o canal de som e falou-lhes:

– Eles podem interferir mas não podem nos ouvir. Vejam como tirar partido da situação...

Abriu novamente o canal de som, empertigou-se e falou mais uma vez com autoridade:

– Vou-lhes conceder a oportunidade de dirigirem-se a mim, o comandante. Falem logo ou desistam, de imediato!

– Queremos parlamentar, apenas, temos proposta a apresenta.. – Alan e Tracy, a seu turno, permaneceram em atitude de ajuda mental a Alex.

– Não costumo parlamentar sem ver a cara de quem me procura!

– Então, comandante, o senhor fica com o privilégio de marcar local e horário e iremos em três, apenas, de mãos limpas e desacompanhados. Acredito que isto é suficiente para provar a sinceridade de nossos propósitos...

– Quero avaliar o assunto para, então, decidir.

– É muito simples, comandante, são apenas dois assuntos, um vinculado ao outro:

"*Primeiro:* fim das discórdias.

"*Segundo:* abrigo sem confinamento, água limpa e saúde para todos.

"Não há mais razões para vivermos isolados uns dos outros. Mesmo separados, somos a mesma humanidade."

O comandante manteve-se em silêncio por algum tempo, pensativo e, por fim respondeu, sem qualquer alteração no tom da voz:

– Concordo!... estarei em campo aberto a cinco quilômetros da entrada sul da cidade, em linha reta, uma hora após o alvorecer. – e bruscamente desligou o microfone e soltou estrepitosa gargalhada.

– Pode ser armadilha, senhor, mas a proposta parece boa... – falou, com certo receio, o operador.

– Você parece debiloide! Não haverá riscos, eles são uns incipientes honestos e eu anteciparei os preparativos para recepcioná-los. Pensam que me podem converter! – e, cerrando os punhos, concluiu: – Esta é a grande chance que venho esperando há anos para o início da vingança!

* * *

Entrementes, na sala do Centro de Comunicação:

– Estou exausto, mas feliz!

– Sim, Alex, estamos todos felizes – exclamou Alan. – Bastante exaustos, mas valeu a pena! E o que você diz, Tracy, está tão calado!

– Tem razão, amigo, estou preocupado. Amanhã a tarefa será tão difícil quanto a de hoje.

– Eu conheço o local que ele indicou. Pode-se ver tudo por muitos quilômetros em qualquer direção, pois se trata de uma região plana e árida.

– Meus pressentimentos estão imprecisos, mas ele trama algo. Mas deixemos as preocupações para amanhã. Vamos relatar tudo ao administrador.

Ao final da narrativa, após ouvir tudo em respeitoso silêncio, o administrador sorriu satisfeito, cumprimentou-os pelo sucesso e acrescentou, antes de convidá-los ao repouso:

– Meus amigos, amanhã será um dia decisivo. As preocupações de Tracy não são infundadas, portanto estejam preparados. Vocês estarão no coração de todos os núcleos e acampamentos.

Os únicos sistemas eletromecânicos de comunicação possíveis de serem empregados, nesta situação, estarão em suas roupas equipadas com microtransmissores e vários medicamentos ocultáveis.

* * *

Mal surgiram as claridades baças do Sol, muito avermelhadas, filtrando-se pelas nuvens do horizonte, todos achavam-se de pé, reunidos no anfiteatro da Governadoria, inclusive Sophos.

Alan, Alex e Tracy iriam ao encontro dos Filhos da Luz, cheios de esperanças, mas um tanto apreensivos. Bjorn e Silvia, naquela mesma manhã, partiriam em direção ao posto avançado na Base Lunar, para uma tarefa não menos difícil e Pandiá permaneceria na Central de Comunicações para processar as informações remetidas por ambos os grupos, com apoio da equipe montada sob a liderança do Querido Amigo.

Silvia abraçou e beijou um a um e, com lágrimas nos olhos, disse:

– Vou sentir saudades, mas estaremos sempre juntos pelo coração. Eu os tenho na condição de irmãos muito queridos e os amo muito.

Num aceno final, os três amigos colocaram o veículo em movimento, que partiu silenciosamente em direção à saída sul da cidade.

Bjorn e Silvia, acompanhados por Sophos utilizaram-se de outro veículo para se dirigirem ao espaçoporto localizado na saída norte da cidade. Sophos lhes entregou dois pequenos discos prateados e lhes informou:

– Aqui estão as instruções gerais. Estudem-nas e revejam as imagens quantas vezes forem necessárias, no monitor individual, durante a viagem, até que todas as informações estejam retidas em suas memórias, porque elas serão apagadas, automaticamente. De propósito, os discos não receberam tratamento antimagnético e, ao desembarcarem na Lua, a ação do campo gerado pela nave agirá nas gravações destruindo o conteúdo.

Aproveitem para exercitar e usar largamente do aprendizado ocorrido no continente sul americano. Vão precisar, principalmente para se comunicarem conosco, sem levantarem suspeitas. Chegamos! Podem ir diretamente para a plataforma de embarque. Vocês dispensam formalidades por estarem a serviço do governo, entretanto devo tomar pequena providência regulamentar e logo os alcançarei.

* * *

A estação de embarque de grandes proporções abrigava várias naves dispostas na horizontal, ao lado de largas plataformas.

De fato, Sophos logo os alcançou e entabularam animada conversação iniciada por Bjorn:

– A propulsão é iônica, Mestre?

– Não, Carl, o sistema de propulsão iônica foi abandonado, não que apresentasse defeitos, contudo exigia motores de grandes proporções que provocavam grande intensidade de vento elétrico e a consequente descarga eletrônica ozonizava excessivamente o ar, além de interferir nas comunicações. Aqui são empregados os mesmos sistemas dos veículos terrestres de superfície, porém com maior sofisticação e tamanho.

"O campo magnético gerado por ele mesmos reagem docilmente em relação ao campo magnético da Terra e navegam, por assim dizer, por entre as linhas de força que circulam dos pólos ao equador terrestres, em qualquer direção e sentido, agindo e reagindo com alternâncias e intensidade de polaridades dentro da lei universal da atração e repulsão, quando pólos diferentes se atraem e pólos semelhantes se repelem."

– E, no caso das viagens espaciais – perguntou Silvia, interessada –, qual é a semelhança a que você se referiu?

– Neste caso são empregadas potências maiores. A fonte energética para os geradores é sempre a do Sol e, para romper a força de gravidade, evita-se uma saída perpendicular às linhas de força que passam pela localidade e a travessia torna-se mais fácil quando o veículo as corta obliquamente. A nave é praticamente expulsa da Terra, até o limite do enfraquecimento do campo gravitacional terrestre, quando o campo da

Lua começa a capturá-la, ajustada para aquelas condições. Depois da aceleração de entrada, procede-se à gradativa frenagem, por repulsão, até o pouso.

"A respeito de propulsão, há, em desenvolvimento, vários projetos alternativos, e o estudo mais avançado é o da utilização das ondas gravitacionais que se estendem por todo o universo."

– E como vão produzir os campos próprios da nave?

– Não posso esclarecer com detalhes por não ser minha área de atuação, mas, pelo que me foi dado conhecer, é teoricamente simples. Reduzidos motores elétricos acionados pela luz solar movem, em alta velocidade, pequenos aparatos inspirados nos brinquedos antigos, muito utilizados no nariz de foguetes espaciais do passado para estabilizá-los. Trata-se do giroscópio, que, aperfeiçoado e magnetizado, cumpre um novo papel. Nas bases lunares e marcianas, também são empregados para manterem a força da gravidade local nos patamares da terrestre.

"Pretendem os engenheiros que os vários campos magnéticos obtidos, de intensidades variáveis, sob controle, interajam com as ondas gravitacionais. Isto permitirá movimentar astronaves em qualquer sentido e direção, rapidamente e com precisão, sem alterações de velocidade, ou, simplesmente estacioná-la."

– Tudo ficaria muito correto não fosse o atrito com a atmosfera nos momento de entrada na camada gasosa – exclamou Bjorn.

– Isto foi também previsto, pois, além do fato de ser a fuselagem de material muito leve e de extrema resistência, o campo próprio que a circunda forma uma espécie de envelope de proteção. Imagine uma cápsula dentro da outra sem qualquer contacto físico entre ambas. De modo que, quando ela se desloca, não carrega consigo a cápsula externa invisível, o espaço, em torno, à sua volta, é expandido para além dos limites da estrutura externa da nave, é como que soprado em todas as direções, de alguns poucos centímetros a um metro, dependendo da velocidade. Assim, ela fluirá por este túnel espacial aberto na direção do deslocamento, fechando-se-lhe imediatamente à retaguarda.

– Pelo que me faz compreender – falou Silvia, que se mantivera calada, até então –, esse processo eliminará o atrito externo, portanto a nave criará uma bolha no espaço, navegará dentro dela, sem arrastá-la consigo, isto é, se a nave avançar um metro, terá expandido, à frente, um metro no espaço mais o índice de expansão, e o campo aberto pelo deslocamento à retaguarda é imediatamente ocupado. Assim, o espaço anteriormente perturbado voltaria à normalidade... É impressionante!

– É relativamente simples. O fenômeno provocado artificialmente ocorre com profunda naturalidade conosco. Cada um de nós ocupa uma determinada porção de espaço. Quando respiramos, fazemos qualquer movimento ou nos deslocamos, movimentamos o espaço à nossa volta, cujo motor ou propulsor é a nossa vontade. Dê asas à imaginação e considere o espaço de um centro urbano inteiramente congelado e todas as pessoas, animais e objetos vaporizados, logo em seguida. Um observador externo o que verá? Um imenso bloco de gelo com uma série de espaços vazios das mais variadas formas.

– Então posso especular mais. Se um observador externo, com visão especial, pudesse enxergar apenas a massa espacial, como veríamos nós a um imenso bloco de gelo, e sendo-lhe interditada a visão para pessoas e animais, estes lhe seriam invisíveis, então, por certo, ficaria espantado ao ver uma série de vazios, das mais variadas formas, movimentando-se com vida própria.

– Isso, querida Silvia, no que diz respeito ao mundo das formas físicas, onde aprendemos que dois corpos não podem ocupar o mesmo lugar no espaço, todavia, quando penetramos no mundo invisível, no mundo das formas espirituais que se interpenetram com as nossas 'realidades', essa 'física' perde significado, tanto quanto pesos, medidas e todas as dimensões conhecidas... mas isto é assunto para outro momento.

– Voltando ao quesito atrito, e os demais implementos mecânicos de uma nave? – interrogou Silvia com vivo interesse.

– Como você sabe, as máquinas e os equipamentos são de material leve e ultrarresistente, o que permite alta rotação com maior rendimento, uma vez que o atrito é reduzido ao mínimo. Eixos, mancais e outros implementos trabalham sob campos magnéticos, melhor dizendo, sob campos de plasma, mesmo assim é imprescindível o uso de lubrificantes adequados.

– Mas o lubrificante advém de material extrativo, praticamente exaurido.

– Estes já são sintetizados em laboratório e a quantidade exigida é insignificante, considerando-se as características dos materiais empregados e o caráter especial de nossas fontes de energia mais usuais, como a gravidade, a onda magnética e a própria luz solar, em detrimento das fontes extrativas. Mesmo assim, há resíduos, mas em quantidade muito reduzida em comparação com os processos grosseiros dos séculos passados. Um quadro econômico facilitado pelos modernos métodos de processamento.

"Não há desperdícios, principalmente nas indústrias de transformação. Da matéria-prima à confecção, da produção de utilitários à de alimentação, do mínimo extrai-se o máximo."

– Você crê que, se avançarmos mais em conhecimento e tecnologia, haverá possibilidades de um aproveitamento total, isto é, resíduo zero da produção ao consumo? – interpelou a doutora, monopolizando a discussão.

– Nossa discussão já se abeira da filosofia, após transitar pelas ciências físicas e sociológicas.

– Concordo, amigo. Embora transitemos no campo das hipóteses, tenho meditado a respeito e penso que, se, em todas as tramas da grande malha do mundo que envolve a vida, se processar uma otimização com residual zero, a Terra, dentro de algum tempo, entraria em colapso e, por continuidade, todo o universo.

– Seu raciocínio é bem veloz e faz-me lembrar as antigas discussões em torno da entropia, no tocante à segunda lei da termodinâmica, quando muito se discutiu a respeito da morte térmica do universo. Não se pode dar uma resposta sem algumas considerações. Mesmo nas condições atuais de avanço científico e do comportamento humano frente às leis universais, em particular as que regem a biologia, não encontro razões para o pretendido aproveitamento total da produção ao consumo, numa divisão que não deixe restos cujos dividendos, por mais ínfimos, não estejam entre os decimais. Não há transformação sem destruição, sendo essa, por consequência, uma lei da natureza. A degradação é uma ocorrência natural, levando-se em conta a perecibilidade da matéria. Porém, degradação não significa extinção absoluta e a duração do processo depende da programação estabelecida para suas finalidades.

– Devo concluir, portanto, que, em função da finalidade, o universo jamais de extinguirá?

– Para o materialista que considera completa toda a estrutura do universo, dos pilares iniciais às galáxias mais distantes, expandidas, serão realidades a morte térmica, ou um retrocesso ao ponto inicial, entre tantas outras teorias, ainda em voga. Para o espiritualismo puro, sem mesclas de dogmas e outros acessórios, a criação é um estado permanente, isto é, a vontade poderosa do Criador elaborando sobre a matéria elementar, primitiva e universal. Por isso é prematuro estabelecer uma conclusão fechada.

"A humanidade, na intimidade do seu processo de evolução, decidiu por um caminho ansioso e divorciado de sua integração com as forças naturais que equilibram toda a casa planetária. Observe o estado atual do planeta, herança dolorosa e prematura, distanciada de um ciclo programado, rompido pela inconsciência do homem.

"A trajetória berço-túmulo oferecida ao homem, unidade vital, se estende, também, à estrutura física do globo com repercussões nos confins do cosmos e, como no âmbito da criatura humana, esta trajetória antecede ao berço e não se limita ao túmulo. Quando o primeiro Adão aventurou-se fora da caverna e extasiou-se, pela vez primeira, com a suavidade do luar deitando-se sobre a floresta enevoada e a beleza das fulgurações estelares, no céu, que desceram sobre seus pequenos olhos amedrontados, milênios à frente de seu momento mais primitivo como protoamebas bailando na tépida superfície dos oceanos, o globo terrestre, de há muito tivera seu berço. Assim também, quando o sol tiver avançado seu processo de transformação em gigante vermelha a expandir-se para além da Nuvem de Oort, o túmulo da humanidade, já terá aberto suas portas para a grande migração rumo ao infinito."

– Tudo isto me faz pensar numa grande solidariedade em tudo.

– Sim – respondeu ele cm tom grave e sério – somente há alguns séculos o homem começou a perceber a solidariedade a que você se refere, profundamente mais ampla do que as conhecidas perturbações planetárias que lavaram Le Verrier e Adams a descobrirem o planeta Netuno em meados do século dezenove, ou que os elementos da constituição física do planeta existem em toda parte, inclusive água, descobertas efetuadas em pleno crepúsculo do século vinte. Há, ainda, uma relação de forças e movimentos que impropriamente poderiam ser chamados de perturbações, não apenas nos limites de nosso sistema solar, mas entre todos os sistemas de uma galáxia e assim por diante.

– Suas assertivas são compreensíveis, mas não me passou desapercebido sua leve referência à "grande migração rumo ao infinito". Pareceu-me mais que uma bela imagem poética. O que teria isso a ver com a solidariedade universal?

Sophos cerrou os olhos e por alguns segundos permaneceu em silêncio. Ao abri-los, expressou-se com serenidade:

– A ciência considerada oficial, a partir do século dezenove, libertou-se dos dogmas da religião, deu grande salto à frente e, ao afastar-se para os paradigmas do positivismo, estabeleceu as leis para o cosmos, misterioso e profundo. Todavia, envolvida pelo enganoso manto do orgulho, prisioneira, de alguma forma, da religião, colocou o homem como rei da criação e determinou, para um percurso de muitos séculos, o homem e a vida completamente dissociados do universo.

"A visão estreita sob a pressão da ignorância perigosamente consorciada com a vaidade não se permitiu abstrair a mente do limitado campo de conhecimento cristalizado para abranger o entendimento de uma ordem, equilíbrio, harmonias e finalidades programadas para sustentáculo da vida.

"Em nosso tempo, não causa mais espanto a idéia de um modelo organizador para a vida, porém esse modelo organizador não decide nem previne, não racionaliza nem se emociona. Sua ação é limitada às funções específicas de programação e obedece a um comando sutil, inteligente, diretor individualizado da vida, independente do bioquimismo organizado. Esse antecede ao nascimento e sobrevive à degradação. Essa centelha inteligente, cumprido o seu estágio no campo da existência física para a qual foi criado, liberta-se e migra para estágios mais avançados.

– Dessa forma – interrompeu Bjorn, com significativa expressão no rosto – compreende-se, com mais clareza, toda a saga do espírito humano em seus estágios de evolução, mais significativo do que uma transmissão genética no curso dos milênios. Penso que, de outra forma, a evolução não teria sentido e tudo permaneceria no estágio inicial, sem mutações progressivas e consequentes. Toda a beleza, todo o esplendor da mecânica universal, aparentemente fria e matemática, estruturada de forma tão inteligente destroem as leis da casualidade para exaltar as leis da causalidade.

– É nesse ponto que se infere ou deduz-se, sem titubeios, do significado de imortalidade.

– Voltando, então, ao ponto inicial, se a imortalidade existe para a inteligência imperecível, a teoria da morte térmica do universo está correta, quando a entropia terá chegado ao seu valor máximo, à desordem máxima, por vezes interpretada como uma tendência da natureza de equalizar toda a energia de todo o cosmos.

– A entropia prevê que, em todas as conversões de energia, uma parte se deteriora e se perde em definitivo, chegando, assim, um momento em que toda a energia do universo se esgotará.

Sophos pareceu mergulhar nos mais profundos pensamentos e prosseguiu:

– A permuta entre sistemas isolados é permanente. A morte de um é alimento para o outro; a matéria, como a conhecemos, é transformável e perecível e a metamorfose é sua importante característica. Todavia, o que é preciso levar em conta é o permanente mecanismo que alimenta todo o universo cuja fonte tem que, forçosamente, ser única e primitiva da qual toda a matéria se originou e se mostra em infindáveis transformações. Essa fonte imponderável, original, na qual tudo se encontra mergulhado é universal e absorve tudo o que à nossa vista se degrada, voltando, por fim, ao seu estado primitivo. Cosmos, meu amigo, significa ordem. Então... – reticenciou com voz pausada e carregada de emoção – o modelo organizador biológico está para a vida, assim como essa fonte cósmica universal está para todo o universo...

– Essa conceituação nos leva mais longe: se o modelo organizador obedece a uma inteligência individualizada, como já vimos, imortal para executar seu programa de evolução, esse fator cósmico primitivo e original não pode agir por si mesmo num processo de automatismo. Terá que ser manipulado por uma inteligência suprema, única e, consequentemente, criadora. – continuou no mesmo tom de voz. – Para tanto deverá forçosamente ser independente da matéria, não estar sujeito às suas contingências.

– Mas também tão ínfimo para estar na mais insignificante criatura – e concluiu, quase num fio de voz – e tão grandioso para estar em toda parte...

No silêncio que se fez, Silvia, que se mantivera calada nos últimos momentos do diálogo, demonstrando sua sensibilidade aguçada, acrescentou, com indisfarçável emoção, emprestando um caráter solene àquele momento:

– Percebo-me tocada pela felicidade de sentir que a Divindade está dentro de cada alma... está em mim. Que não há distância entre a criatura e o Criador. Por isso, talvez, que todas as religiões de todos os povos de todos os tempos, agasalhando no coração o sentimento de profunda relação com Ele, o chamaram, simplesmente, de Pai.

– Vejam – interrompeu Sophos –, a nave já está posicionada na plataforma. Devemos nos despedir agora porque, depois que vestirem os trajes especiais para esse tipo viagem, não poderemos mais estar juntos. Desejo sucesso, pois o sucesso de vocês terá profundos reflexos em toda uma coletividade...

Abraçaram-se e Silvia beijou-o, acrescentando:

– Faremos com o melhor que nossas forças e inteligência permitirem. Adeus, Querido Amigo!

– Adeus, meus amigos!...

A espaçonave subiu lentamente, na vertical, passando pelo vão que se abriu na cobertura e, pela escotilha, puderam ver toda a área reduzindo-se em tamanho, distanciando-se aceleradamente até que, em poucos segundos, o horizonte transformou-se numa linha recurvada. A velocidade era espantosa...

15. Prisioneiros

Enquanto a nave se afastava da Terra com destino à Lua, Alex, Alan e Tracy deixaram para trás o centro urbano, conduzindo o veículo em velocidade média pela região árida, em direção ao local convencionado com o comandante.

– Não será perigoso aventurarmos, os três, para este encontro?... – perguntou Tracy.

– Sempre há perigo, mas a região escolhida tem ampla visibilidade, em todas as direções e, ao aproximarmos, verificaremos se, realmente, ele estará sozinho, do mesmo modo que ele poderá nos ver chegar e constatar que somos apenas três, como afirmamos, e que nossas intenções são boas – respondeu Alex.

– De qualquer maneira – interferiu, Alan – não devemos ser apanhados de surpresa. Este veículo possui rastreador de imagens de superfície, Tracy?

– Possui. É só abrir o painel a sua frente que ele se liga automaticamente.

Alex seguiu as instruções e imediatamente a tela acendeu-se, deixando ver a paisagem em giro de trezentos e sessenta graus estabilizando-se para a frente, num centro de interesse captado por efeito Doppler.

– Vejam! Há algo adiante. Amplie mais a imagem, Alex. Lá está ele e parece estar sozinho como prometeu. O que você acha, Alan?

– Está ao lado do veículo, que, pelas dimensões, é individual e não dá para esconder ninguém.

– Então aproximemo-nos!

Em poucos instantes, o veículo de Tracy alcançou o ponto de encontro e estacionou a alguns metros de distância. Os três saltaram e encaminharam-se, cautelosamente, na direção do comandante.

– O que há? Estão com medo? – vociferou, com ironia soltando estrepitosa gargalhada. – Com medo de um pobre homem solitário?

O comandante era um homem impressionante, alto, esquálido, o rosto magro de malares salientes, cabelos longos e sujos até os ombros, de roupas e botas que imitavam o couro cru, surradas, e os olhos escuros, pétreos e de expressão determinada.

– Sinto algo muito estranho... – segredou Alan aos companheiros –, mas não consigo identificar a causa desta apreensão. Perceberam o seu ar arrogante e vitorioso?

– Você tem razão – respondeu Alex. – Estejam preparados, seguros e não se mostrem assustados, pois identifico que estamos numa armadilha.

– Aproximando-se mais, falou com voz firme:

– Comandante! Estamos aqui e cumprimos nossa palavra. Apenas nós três, e desarmados.

– Vocês são uns tolos e ingênuos! – expressou-se o comandante, com azedume e um sorriso malicioso, nos lábios. – Deveriam conhecer melhor as nossas regras: primeiro – todos os que não são seus são estranhos e inimigos; segundo – nunca comprometer sua palavra com estranhos; terceiro – nunca cumprir com a palavra dada a estranhos – respondeu com segurança e gritou, com voz autoritária:

– Agora!

Cinco homens armados, repentinamente irromperam do chão por aberturas habilmente camufladas em círculo, ao redor dos três amigos.

– Considerem-se meus prisioneiros! Se fizerem o menor gesto, morrerão aqui mesmo, sem nenhuma honra, como cães vadios.

– Os transmissores estão ativados? – perguntou Alex, em segredo.

– Sim! – respondeu Tracy.

– Silêncio! Não conversem! – esbravejou o comandante. – Vamos levá-los!

Em seguida, após acionar pequeno aparelho de mão, um minuto depois, aproximaram-se mais dois veículos pilotados. No primeiro foram instalados os três amigos, manietados, acompanhados por guardas com armas poderosas, e, nos outros dois veículos, acomodaram-se os demais e rumaram todos para o acampamento principal.

Na área central, à guisa de praça, o povo ovacionava os recém-chegados e lançava impropérios aos prisioneiros, que, ainda algemados, foram brutalmente empurrados em direção à cela cujas grades ficavam defronte para a praça. A cada empurrão, o povo gritava:

– Mata!... Mata!... Mata!...

Por fim, foram-lhes retiradas as algemas, por ordem do comandante, e jogados na cela com violência. Os três procuravam recompor-se, quando Tracy falou, em voz baixa:

– Fiquem quietos, sem qualquer reação. Baixem as cabeças, pois não vale a pena enfrentá-los nem com o olhar; em breve não terão motivações para os impropérios. Sem a nossa reação, logo estarão dispersos...

E foi o que aconteceu. Vez por outra passava um transeunte, uma criança, curiosos, mas sempre à boa distância da grade.

– O que será que estão tramando para nós. Estou todo dolorido, e vocês? – inquiriu Alan

– Nós também! – falaram Alex e Tracy, quase que simultaneamente.

– Quero aproveitar esta trégua para confabularmos – prosseguiu Tracy. – Pesquisei bastante sobre os Filhos da Luz, em nossos arquivos, e posso afirmar que, se o comandante quisesse nos eliminar, já o teria feito, entretanto vai tentar quebrar e abater nosso ânimo pelo enfraquecimento físico e moral.

– Tracy, o dia está terminando e não nos trouxeram qualquer alimento...

– Sim, Alan. A primeira tentativa será a de quebrar nossa resistência e ânimo pelo enfraquecimento orgânico. Não nos alarmemos.

Os dias foram passando se qualquer coisa digna de nota, a não ser os maltratos e os intensos e continuados interrogatórios. A alimentação passou a vir com regularidade, mas bastante racionada. Vez por outra uma criança, em sua inocência, parava, curiosa, diante da cela, até que, certo dia:

– Veja, Alex, esta criança está muito doente. O olhar denota sofrimento e dor contida. E quantas chagas pelo corpo... Vamos aliviá-la – exclamou Tracy, com sincero interesse.

Os três amigos, cautelosamente, aproximaram-se do gradeado e tentaram ganhar-lhe a confiança, conversando com ela. As respostas eram monossilábicas.

– Você está bem? – perguntou Alex com meiguice, mas sem pieguismo.

– Não – respondeu o pequeno.

– Você está se sentindo cansado?

– Sim!

– O corpo dói muito, não é?

– Dói.

– Dói a cabeça, também?

– Dói... dói muito!

– E se parasse de doer?

– Bom, muito bom!

– Podemos fazer parar sua dor. Temos ótimo remédio. Você quer?

O menino demorou a responder, olhou para um lado e para o outro como se temesse algo e...

– Quero!...

– Então chegue mais perto!

– Sim...

Alex e seus amigos aproximaram-se mais, através das grades, mas o menino fez menção de afastar-se.

– Não tenha medo!... Não queremos fazer-lhe mal. Não vê que estamos presos? Se fizermos algo contra você seremos punidos.

O menino aproximou-se novamente e Alex cerrou os olhos, tocou-lhe a testa, com ternura, e balbuciou algumas palavras.

O garoto tinha aproximadamente seis anos e olhava aquilo tudo espantado sem entender o significado. Não temera aquelas pessoas a quem deveria temer, como lhe ensinaram. Elas não eram más como lhe haviam dito.

Depois de algum tempo, Alex abriu os olhos e retirou a mão daquela cabecinha suja e de cabelos desgrenhados. O menino, a seu turno, olhou para seus braços e pernas, pois não havia mais dor, nem a cabeça doía. Seus olhos voltaram a brilhar e a alegria estampou-se em seu rosto. Sorriu.

– Se quiser melhorar mais, volte aqui, amanhã – falou Tracy, com bondade e segurança – Você ainda não está curado, mas poderá ficar bom, porém precisará de mais remédio!

O menino cobrou ânimo e saiu a correr, para voltar por três dias consecutivos, agora acompanhado de outras crianças. Como das outras vezes, Alex retirou de um bolso interno de sua roupa, camuflado, pequeno frasco com uma pasta transparente e aplicou-a, suavemente, sobre as chagas de maior expressão das crianças que ali estavam. A cada retorno, o garoto trazia novas crianças e ali permanecia por mais tempo, até que certo dia aceitou dialogar:

– Como é seu nome?

– Não posso dizer, não posso brincar, não posso conversar com homem diferente...

– Por que não pode tanta coisa?

– Homem diferente é ruim, faz mal para minha gente.

– Quem lhe falou isto?

– Comandante falou para todo mundo.

– O que é homem diferente?

– Homem diferente não sente dor, não tem machucado, não reclama, não chora e não é Filho da Luz. O Filho da Luz é importante!...

– E você viu, algum homem diferente fazer mal a alguém, a algum amiguinho seu?

– Não, mas você, homem diferente, é homem diferente, é bom, não deixa eu sentir dor e faz a ferida fechar. Minha mãe perguntou e eu contei. Ela quer conversar, também. Até logo... – e o menino saiu correndo porque viu um dos guardas aproximar-se.

– Alex, tenho a nítida impressão de que as coisas vão mudar

– Concordo com você, Alan. Viu quantas crianças atendemos?

O guarda aproximou-se com a alimentação e, ao contrário dos dias anteriores quando exigia que os três se afastassem para o fundo da cela, com arma apontada para eles, chamou-os amistosamente:

– Venham receber a comida! Aproveitem enquanto está quente!

O guarda entregou-lhes os recipientes com os alimentos, sorriu e retirou-se sem pressa, deixando-os surpresos.

– É espantoso... O que estará acontecendo? – perguntou Alan aos amigos.

– Isto só pode ter relação com as crianças que receberam a energia curativa.

Horas depois, uma mulher ainda jovem, apesar das expressões sofridas, veio com uma vasilha de água limpa e lhes ofereceu:

– Vim trazer-lhes água. Não seria eu, e sim a mesma de outros dias, mas precisava conversar com vocês e troquei com ela... – e acrescentou quase num sussurro, vigiando-se, com receios de ser ouvida por outros: – Sinto muitas dores e preciso de ajuda. Podem chegar mais perto de mim, pois não posso temer aqueles que aliviaram meu filho, trazendo-lhe a alegria perdida. Hoje foi meu dia de mandar a alimentação. Fiz o melhor que pude e quem trouxe foi o meu marido.

Os três companheiros aproximaram-se das grades e Alex impôs as mãos sobre sua cabeça, auxiliado por Tracy. Alan, a seu turno, retirou de um pequeno frasco um comprimido minúsculo, deitou-lhe algumas gotas de água, na palma da mão. Após dissolvê-lo, ele expandiu-se e transformou-se numa espécie de pasta que Alan foi aplicando nas úlceras mais comprometedoras dos braços e do rosto. Terminada a ação, ela os olhou nos olhos, com serenidade, e retirou-se sem nada dizer.

– Parece-me tê-la visto discretamente enxugando os olhos – observou Alex.

Os dias arrastaram-se e o tempo parecia estacionado. Volta e meia nova personagem surgia, sempre com desconfiança, a vigiar-se procurando ajuda para si ou para alguém de seu grupo familiar. Por outro lado os maus tratos reduziram-se e a alimentação melhorou de qualidade.

– Alguns já não nos olham com desconfiança e desprezo – acrescentou Tracy – e a vigilância está mais relaxada...

É porque já verificaram que não oferecemos perigo nem somos belicosos – voltou Alan a falar.

– O que você acha, Alex? – inquiriu Tracy.

Alex permaneceu em meditação por mais um pouco, por fim dirigiu-lhe o olhar e respondeu:

– Vocês estão parcialmente certos. O que tem pesado a nosso favor é o atendimento e porque o temos feito com amor e sinceridade. Isto os desconcerta, pois, como prisioneiros sob maus tratos, no seu entender, deveríamos estar arredios, com ódio no coração e nas atitudes.

– Notei, também, que os que nos procuram parecem atender a uma programação sistemática e contínua, em virtude de sua regularidade. Olhem lá adiante! O guarda está de volta e fora do horário... É o pai daquela primeira criança que atendemos.

– Não devo me demorar, mas preciso conversar um pouco. Ficarei o tempo suficiente sem despertar suspeita, porque falei que viria aqui apenas para ver se estava tudo em ordem.

– Por que o senhor está se arriscando? – perguntou Tracy.

– Não preciso que me chamem de senhor, pelo menos enquanto estivermos sem outras companhias, mas preciso dizer que tenham muito cuidado com as palavras e com as atitudes. Já está causando estranheza o fato de alguns dos nossos terem melhorado das dores, estabilizado o processo de contaminação, muitas crianças aliviadas, principalmente minha mulher e meu filho. Não podemos dar explicações detalhadas a eles, mas também não mentimos. A chaga e a dor sempre foram a nossa marca característica e base de nossa filosofia, e hoje compreendo que é para manter aceso o ódio injustificado.

– Mas, meu amigo...

– Por favor, não me interrompam. O tempo é curto. Como eu dizia, as opiniões estão divididas. Nós, os beneficiados por vocês e aqueles que, como eu, estão cansados e que desejam de há muito encontrar uma porta de alívio e paz, discutimos vivamente com os demais que não querem e não permitem quaisquer aproximações de seus familiares com vocês e conosco. Não há interesse do comandante em eliminá-los, pelo menos no momento, por várias razões. Ele tem certeza de que serão também contaminados, que sofram de inanição como terrível castigo e que representem uma garantia para a ser usada no momento certo contra os seus.

"Ele é muito sagaz, mas ainda não descobriu porque vocês não foram reclamados pela Governadoria. Isto o intriga.

"A qualquer momento chegarão aos ouvidos dele as notícias de ações benéficas junto a nós e temo por represálias, e somente ainda não chegou porque ele os entregou a um de seus comandados, seu lugar-tenente, como sempre faz, a fim de não se imiscuir em coisas pequenas, no entanto, o seu comandado não contava com tanta oposição à sua ação e ele teme que seja considerado inepto pelo comandante por não ter executado sua ação, mas também teme por não conseguir conciliar aos duas facções. O certo é que, quando este assunto chegar ao comandante, os três se constituirão em terrível ameaça para a estabilidade de seu comando neste acampamento e de sua força nos outros acampamentos.

"Amanhã é meu dia de folga e voltarei aqui no mesmo horário. Queremos saber como é a vida de vocês, como superaram os problemas que hoje carregamos, o por que de sua tranquilidade e do tratamento que nos dão, mesmo sabendo sermos seus inimigos. Fui designado pelo grupo de beneficiados a saber de tudo."

Após pequena pausa, quando fez menção de retirar-se, Alex perguntou:

– Antes que se vá, amigo, diga-me quem é aquele rapaz que nos observa há muito tempo, durante quase metade do dia, todos os dias, disfarçadamente, como se não notássemos? Que interesse ele tem em nós? Apesar da distância que nos impede de ver melhor, parece-me pessoa conhecida!

– Nada lhes posso dizer. Quanto a isto, a proibição é total e, por favor, não insistam e esqueçam.

– Não se preocupe, amigo, não insistiremos – respondeu Tracy, que, aproveitando a oportunidade, solicitou:

– Gostaríamos que nos fizesse um favor.

– De que se trata?

– Hoje foi um dia muito agitado e peço que cuide para que esta noite não apareça ninguém para conversar! Precisamos ficar mais à vontade, relaxar um pouco. Amanhã, então, atenderemos a quantos nos procurarem.

– Tentarei, amigos.

Em seguida, o homem retirou-se apressadamente, deixando os três curiosos quanto ao estranho homem que os vigiava.

Logo que o guarda se retirou, Alex perguntou:

– Por que você fez aquela solicitação, Tracy?

– Porque hoje deveremos fazer contacto com a base e o faremos após ao anoitecer, bem tarde, por segurança!

O restante do dia transcorreu como os demais, porém a noite, tão logo espalhou suas sombras por toda a região, tornou-se estranha, diferente...

– Notaram que silêncio – observou Tracy. – O anoitecer é sempre tão tumultuado, barulhos e vozes até altas horas, mas hoje...

– Hoje parece ter um enorme peso pairando sobre todo o acampamento. É como se fosse um prenúncio de tempestade. Muito estranho – interferiu Alan.

– Posso sentir o que está acontecendo.

– Então fale, Alex. Queremos ouvi-lo.

– Apesar do silêncio sepulcral, neste acampamento, há um grande tumulto não manifestado nem exteriorizado. E o motivo somos nós. Aqueles que se nos afeiçoaram guardam silêncio com receio de nos prejudicarem e de se prejudicarem também, os frontalmente adversários não sabem o que fazer – lembrou Alex.

Logo que anoiteceu, à fraca iluminação da cela, cada um dos três amigos retirou do pescoço um pequeno pedaço de metal preso por delicada corrente que, à primeira vista, não passaria de pequeno adereço sem valor ou qualquer significação. À simples aproximação dos três pedaços, um do outro, nos recortes convenientes estes uniram-se magneticamente, formando uma única moeda.

– Não deixem a sombra incidir sobre nosso pequeno aparelho, esta luz é suficiente para acionar os circuitos internos – apressou-se Alan em explicar.

– Como isto funciona? – perguntou Alex para satisfazer sua curiosidade?

– O sistema é bem simples: os três pedaços, em separado, não tem função, mas quando unidos completam-se os microcircuitos e a luz aciona a foto célula que fará a produção da fonte de alimentação. Quando todo o sistema está energizado, ele emite impulsos de rádio numa determinada frequência de ondas microcurtas captadas pelos receptores da base de operações e ao mesmo tempo cria em torno de si um campo de onda capaz de receber as emissões da base em tempo real. O campo eletromagnético em torno de si nos permitirá ouvir as ondas de rádio recebidas e transformadas em sons. Eles já devem ter captado as emissões do aparelho, aguardemos um pouco, pois, de imediato, tentarão a comunicação.

Após alguns segundos de ruído branco e estática em torno da pequenina moeda, ouviram nitidamente:

– Contacto estabelecido. As frequências estão perfeitamente casadas. Aqui fala o administrador. Confirmem a recepção e o volume de som adequado ao momento, por favor.

– Sim, meu pai, estamos ouvindo com perfeição e volume suficiente para o momento – expressou-se com alegria Tracy, que fora designado para dirigir a conversação.

– Precisamos falar rápido, meu filho – respondeu o administrador, com a mesma emoção, sem as formas protocolares usuais –, porque não será possível impedir a interferência das ondas na outra base, tão próxima, e o consequente rastreamento. Não conseguirão decodificar a conversação, mas serão capazes de localizar a fonte em poucos minutos. No momento que os técnicos detectarem qualquer atitude de rastreio, avisarei e desligaremos tudo. Sinto muita alegria em conversar com vocês, mas a hora não nos permite expansões afetivas.

– Sim, senhor, compreendemos.

Tracy, em poucas palavras, fez um bom relatório das ocorrências. O administrador ouviu tudo com atenção e acrescentou:

– Muito bem! Tudo está prosseguindo dentro das linhas mestras traçadas. O restante depende das circunstâncias imprevisíveis e da criatividade de vocês. Amanhã, bem mais tarde, após a meia-noite, estabeleçam entre si comunhão mental e busquem sintonia psíquica com a minha casa. Especificamente com o ambiente da sala de nossas últimas reuniões, pois lá estaremos reunidos e... atenção, amigos...

* * *

O setor de comunicações, do acampamento, logo entrou em grande movimentação:

– Sub-comandante! Sub-comandante! Depressa, por favor! – gritava um subordinado à entrada do alojamento dos oficiais.

– O que está acontecendo para tanto alarido? Espero que seja importante para que justifique despertar-me a esta hora da noite – esbravejou o sub-comandante, aborrecido.

– Desculpe-me, senhor, mas o técnico da comunicação descobriu coisa muito séria!

O sub-comandante, levantou-se rápido e dirigiu-se ao local solicitado.

– Veja sub-comandante! Estes sinais circulares concêntricos indicam uma transmissão, e não de muito longe – exclamou o técnico.

* * *

– Eles já detectaram a interferência e iniciaram os procedimentos de rastreamento. Vocês terão apenas mais dois minutos para acomodarem-se, porque antes disto não terão encontrado a origem das emissões, mas fatalmente irão até vocês. Amanhã vocês terão uma surpresa...

* * *

– Então inicie o rastreamento, de imediato!

– Já iniciei, senhor!... mais um minuto e teremos a direção exata!...

– Não percam tempo, idiotas, peguem o rastreador portátil e dirijam-se para a cela ocupada! Vejam se encontram alguma coisa!

Quatro homens saíram daquela sala com pequeno aparelho metálico e correram na direção indicada...

* * *

– Alex – sussurrou Tracy, já recolhido com seus dois companheiros ao catre coletivo –, você que estás mais perto, apague a luz, por favor!

– Não há mais tempo, Tracy, ouço passos apressados. Silenciemo-nos.

Rapidamente os emissários chegaram às celas e diante da cela ocupada comentaram em voz baixa:

– O aparelho não acusa nada, deve estar com defeito. Não acende a luzinha nem o ponteiro se movimenta, como disseram!

– Não está defeituoso, idiota. Os sinais é que não vêm daqui! Estão todos dormindo, vamos embora.

Convencidos de que os três prisioneiros estavam profundamente adormecidos, o grupo retornou ao centro de comunicação para fazer um relatório e o acampamento voltou à normalidade.

O dia transcorreu sem alterações nem acontecimentos dignos de nota, apenas os três amigos aguardaram a noite com certa expectativa. Sentiam-se alegres e de bom ânimo, o que confundia aquela gente, acostumada à insatisfação e à revolta.

Na hora aprazada e com o acampamento em total silêncio, misteriosamente adormecido, por completo, os prisioneiros assentaram-se ao chão, pois não havia mobiliário naquela cela, e entraram em profunda concentração

Haviam se passado poucos minutos, quando, no centro do grupo, uma certa massa de tênue luminosidade surgiu e aos poucos foi-se avolumando e se definindo, até que, de dentro da baça claridade, corporificou-se o Querido Amigo. A sincera alegria do prisioneiro levou-os às discretas lágrimas.

– Também me sinto feliz, meus amigos, por estar aqui. Um dia terminarão as distância e os elementos de separação, assim nossa alegria será completa.

De nossa base os monitoramos, permanentemente. Desta forma, acompanhamos suas angústias, pesares e as curtas alegrias. Assim, formamos um só organismo e um único sentimento. Quero congratular-me com todos, pois não houve desvios de rotas. Tudo segue conforme planejado e desejo preveni-los de que, apesar de minimizados, os problemas ainda não terminaram. Você os terão mais alguns, daqui para diante.

– Sophos – redarguiu Alex –, veja se você é capaz de me esclarecer quanto a algo que me vem acontecendo. Conhecemos os fenômenos psíquicos, a realidade dos desdobramentos da personalidade, com plena consciência, como ocorre neste instante, entretanto, nos momentos mais cruciais de nossa vida, como prisioneiros, registrei, de início, uma sensação vaga de presenças e, com o passar do tempo, avolumou-se de tal forma que pareceu-me divisar fisionomias e, mais recentemente, descubro-me transitando no meio delas, muito concretas, embora invisíveis. Observo, curiosamente, que nestes instantes vivo duas realidades sem me dar conta disto. A princípio julguei tratar-se de experimentos desenvolvidos por você, entretanto verifiquei que não são personalidades que eu conheça.

– O plano de amparo a estes grupos de criaturas torturadas pela ignorância e pela dor, aqui e em outros postos, com outras equipes, tem objetivos muito mais amplos e mais altos do que permite a nossa compreensão, porque avançam pelos meandros da transformação e redenção moral da humanidade. Trata-se da preparação da chegada da luz e da verdade para todas as almas. O que somos e o que fazemos representa instrumental nas mãos dos verdadeiros construtores da transformação, que há milênios vêm socorrendo e estimulando, pacientemente, as ovelhas de um único pastor. Eles, os espíritos de escol, têm-se deixado perceber por você e por tantos outros, induzindo-os à coragem, à confiança e à certeza de que o processo é irreversível.

– Então minhas conjecturas estão corretas...

– Sim, meu amigo! Também tenho estado presente com eles e, por intermédio de vocês três, temos agido sobre os mais acessíveis. Nem todos aqui têm o mesmo padrão emocional. Sondamos o campo de sensibilidade de cada um e aqueles mais dúcteis, sob ação intuitiva, conduzimos até aqui.

"Posso afiançar-lhes que, neste acampamento, já é sensível outro tipo de contaminação que se espalha com rapidez. A do sentimento, da emoção. Nem todos serão atingidos, no primeiro momento, por causa da refratariedade, no entanto, como disse, o processo é irresistível.

"Continuem operosos com as mãos e com o cérebro, e, entre eles, as diretrizes determinadas pelo coração. Mais uma recomendação, precisamos de água limpa para agirmos com mais eficiência em maior número de agentes multiplicadores do desejo de transformação. Amanhã concentrem-se, liberem os dons da clarividência e descobrirão, no subsolo, bem próximo daqui, neste acampamento, um lençol de água que será o veículo ideal da ação espiritual associada aos seus recursos psíquicos, que, a seu turno, possibilitarão procedimentos vigorosos sobre os organismos enfermos com inestimáveis repercussões no fundo da alma de cada um.

"As notícias se espalharão com maior velocidade com a descoberta da água por inimigos prisioneiros, as represálias não se farão esperar, provavelmente haverá mudança de cela preparada com escuta de microtransmissores. Cuidado, portanto.

"Devo ir-me, meus amigos. Estarei sempre por perto, embora não me vejam."

– Tem notícias de Silvia e de meu pai?...

– Temos, sim, Alex. Estão muito bem. Enfrentam grandes dificuldades, mas aos poucos, com muita habilidade e segurança, estão revertendo a situação. Perguntam sempre por vocês com extremo carinho. Alguma pergunta a mais?

– Por que não se fizeram presentes à nossa sensibilidade psíquica, quando de sua atuação nas mentes dos Filhos da Luz?

– Para que pudessem agir com espontaneidade e reafirmassem a autoconfiança..

"Como não há possibilidades de se contaminarem, desfaçam-se logo de toda a medicação camuflada, pois serão novamente revistados, e com mais rigor. Os Filhos da Luz serão beneficiados e, em maior quantidade, são nossos prognósticos, com a imposição das mãos, ampliando, assim, o acervo de simpatia.

– Então – interferiu Tracy – estava tudo previsto!?

– Sim, Tracy, tudo, inclusive a prisão, como um risco calculado. Enquanto eles pensarem ter em vocês uma espécie de garantia, sem declararem a condição de reféns, para serem usados no momento que julgarem conveniente, é nosso interesse que permaneçam com eles, o maior tempo que for possível, pois assim teremos mais dilatada nossa atividade, até próximo ao limite de saturação; se assim não for, haverá um cisma de grandes proporções, uma verdadeira implosão capaz de colocar a perder todo o trabalho e resultados alcançados.

"Agradeço-lhes a coragem e a dedicação."

– Nós também temos muito a lhe agradecer, Querido Amigo.

– Até breve!

E a aparente forma perispiritual de Sophos, temporariamente materializada, diluía-se, quando, com a voz enfraquecida, conseguiu ainda expressar-se para desaparecer, de uma vez, deixando profunda sensação de paz:

– Ouça, Tracy, quando achar conveniente, deixe-se identificar como filho do administrador.

* * *

O dia seguinte amanheceu com novidades. Os três prisioneiros foram despertados por uma grande movimentação naquele campo dos Filhos da Luz, durante toda manhã, mas, no começo da tarde, tudo voltou à normalidade depois da saída de vários veículos carregados de homens. Logo que tudo serenou, a curiosidade dos jovens amigos foi satisfeita, com a chegada do guarda amigo, que, de imediato, prestou os esclarecimentos:

– O comandante com sua equipe e um grupamento de segurança partiu para uma reunião estratégica no Campo II, como sempre faz, quando há coisas extremamente sérias para resolverem, e somente voltará amanhã, ou depois, se for mais séria ainda. E no momento acredito que o problema mais sério são vocês.

Tracy, mudando de assunto, perguntou-lhe:

– Diga-me, amigo, como vocês conseguem água, nesta região tão estranha?

– Há um pequeno poço, bem próximo, que, apesar de não ter boa qualidade, não nos tem faltado. Dá-nos um grande trabalho torná-la utilizável e temos de escassear quando da chegada do verão.

– Se houver algum manancial ou lençol subterrâneo bem próximo seremos capazes de localizá-lo – exclamou Tracy.

– Como localizar, sem qualquer aparelhagem? Não vejo como.

– Com nossas mente, amigo!

O interlocutor pareceu não acreditar muito, mas lembrou-se dos acontecimentos ocorridos desde a chegada daqueles três, que achou melhor não duvidar de nada e acrescentou, mudando o rumo da conversa:

– Vocês ainda tem daquela pomada concentrada? Há algumas pessoas que desejam recebê-la, mas não se sentem seguras para virem até aqui

– Temos sim! E você poderá levar todas para serem distribuídas entre aqueles que você achar conveniente – respondeu Tracy, por considerar essa a oportunidade excelente para desfazer-se delas, como recomendado por Sophos.

Os olhos do segurança brilharam de satisfação. Despediu-se com aquele pequeno tesouro nas mãos e voltou daí a trinta minutos.

– Tenho novidades. O sub-comandante, no comando do campo, autorizou a saída de vocês, pelas redondezas, por algum tempo e autorizou também a prospecção de água!...

– O sub-comandante? – espantaram-se. – Por quê?

– Não tenho autorização para acrescentar nada. Desculpem-me, mas devo silenciar sobre isto – falou enigmaticamente o guarda. – Vou buscar as chaves para abrir a cela e logo voltarei!

– Deve haver alguma relação entre nossa liberação e aquele rapaz que nos espiona permanentemente.

– Por que você pensa assim, Tracy? – perguntou Alex.

– Primeiro por intuição, depois porque houve uma sequência de acontecimentos. O comandante sai, logo depois nosso observador dirige-se ao posto de comando, em seguida veio a ordem de nossa liberação.

– Creio que você tem razão, mas existe algo mais profundo que não consegui identificar. Entretanto registro alguma coisa de familiar nele, mesmo sem ver-lhe a fisionomia...

– A única percepção que me fala mais de perto é que o nosso espião é o sub-comandante e que, no momento, é imprescindível não nos preocuparmos, pois, no momento certo, tomaremos ciência de tudo. Agora é necessário prepararmo-nos para encontrar a água... e mais, desfaçamo-nos de nossos transmissores. Não precisaremos mais deles.

As grades foram abertas e os três saíram em companhia do segurança, que lhes informou ter assumido todas as responsabilidades sobre eles, com risco da própria vida.

Logo pequena multidão ajuntou-se em torno dos quatro.

Somente fora da cela, à melhor claridade é que se deram conta do próprio emagrecimento, das roupas sujas e do enfraquecimento.

Caminharam devagar e com as mãos espalmadas para baixo, os sentidos em alerta, buscando, por radiestesia, identificar o sítio subterrâneo de água. Pareciam robotizados, até que Alex falou:

– É aqui! – e os outros dois concordaram.

– Neste local, a aproximadamente dez metros de profundidade, há água. O lençol principal vocês não tem condições de alcançá-lo, é muito profundo.

– E o que faremos? – perguntou o guarda.

– Tragam todos os tubos e conexões e, enquanto providenciam, perfurem o solo pelos processos usuais, até que eu diga quando parar.

Alex e seus dois companheiros permaneciam de olhos cerrados, com expressão tranquila mas de muita segurança. O silêncio quase total era quebrado apenas pelo som mecânico da máquina de perfuração de solo.

– Parem, por favor. É o suficiente.

– Mas até agora não há nenhum sinal de água... – exclamou o guarda que os trouxera.

– A camada agora é menos resistente e é preciso prevenir para a colocação de uma válvula na extremidade da última conexão, meu amigo.

“Retirem a sonda perfuratriz e introduzam os tubos, conectando-os um ao outro, adaptando, ao primeiro, a ponta diamantada e depois prossigam com a perfuração. Deixem a água jorrar por quinze minutos e depois coloquem a válvula. Se não houver desperdício, vocês terão água por três meses.

– É hora de voltarmos para a cela. Vocês concordam? – interveio Alan.

O guarda, atendendo à solicitação de Alan, com a concordância de Tracy e de Alex, os conduziu à cela e ordenou que continuassem com a perfuração. No trajeto de retorno, sem disfarçar a curiosidade, perguntou:

– Por que jorrar a água por tanto tempo enquanto que o regime de economia manda pouparmos? E por que este retorno tão rápido para a cela?

– A expectativa é muito grande e a ansiedade, bem maior. É necessário que se expandam e você verá a explosão de uma alegria autêntica falsamente reprimida. E nossa permanência no meio do povo, neste instante, nos seria muito perigoso. Alguns invejosos e frustrados aguardavam por este momento. Não se conformam com o fato de recebermos a simpatia do povo, por nossos atos, na qualidade de prisioneiros desprezíveis e inimigos. Como nunca tiveram nada a oferecer, têm o ego ferido. Agora que estamos em nossa acomodação, vamos apreciar.

Quando a tubulação venceu a dureza do solo e atingiu a região esperada das camadas inferiores, ouviu-se um longo silvo saindo da extremidade aberta do último tubo conectado; a multidão permanecia em expectante silêncio. Repentinamente jorrou para o alto uma coluna de água atingindo muitos metros de altura para cair depois como contínua e refrescante chuva nunca vista e sentida antes com tanta euforia. O segurança, diante da cela, paralisado pela emoção, caiu de joelhos, de braços abertos e de rosto voltado para aquela chuva improvisada, e chorou... chorou convulsivamente.

– Se lá estivéssemos – continuou Alan – seríamos ovacionados e isto precipitaria os acontecimentos. Apesar da autorização, de ordem superior, para nos ausentarmos da cela, muitos dos que lá se encontravam, em grupos armados, demonstravam expressões de insensibilidade e, ao mesmo tempo, de insatisfação. E os percebi prontos para intervirem se houvessem alguma manifestação a nosso favor

"O povo se esqueceu da nossa condição de prisioneiros, mas aqueles homens, não. E não perderiam tempo em investir contra os seus para nos atingirem, e por excessiva fidelidade ao seu comandante."

– Tem razão, Tracy – concordou Alex –, a medida foi boa e acredito que os acontecimentos de hoje serão os complicadores de nossas vidas... Alguém vem vindo.

– É o nosso amigo carcereiro.

O carcereiro aproximou-se, conversou alguma coisa com o guarda de prontidão, que se afastou imediatamente, e, ante as expressões de curiosidade dos três amigos, exclamou:

– Guardo, a partir de hoje, um sentimento que nunca havia experimentado. Só sei que me faz muito bem e devo isto a vocês Em toda a minha vida, nunca soube o que era agradecer a alguém e o faço, agora: muito obrigado, meus amigos!

Mais seguro de si, ele continuou:

– Quem são vocês, afinal? O que pretendem, realmente? Curam, são amigos sinceros, dividem o que possuem, estão sempre dispostos a servir, são cultos e inteligentes... Estão prisioneiros e bastas vezes são maltratados e, mesmo assim, desconhecem a humilhação e a injúria para auxiliarem sem pensar em si próprios...

– Não somos diferentes de vocês. Somos tão humanos quanto qualquer outro – respondeu Alan, coadjuvado, a seguir, por Alex e Tracy.

– Ficamos também emocionados, pois nossa maior alegria é ver a alegria dos outros, sem cobranças, principalmente das crianças, e aprendemos a condoer-nos com a dor alheia como se fosse nossa própria dor...

– O que nos diferencia é que tivemos oportunidades que não lhes foram oferecidas do convívio com pessoas capazes de nos enriquecerem com sabedoria e bondade, cultura e instrução, tanto quanto de extrair as lições do passado, vivermos os potenciais do presente e projetarmos as esperanças do futuro. Para vocês, meu amigo, mostraram-lhes, apenas, as angústias do passado tormentoso e triste, alimentaram-lhes os espíritos com a turbulência desastrosa do presente, toldando-lhes a gloriosa visão do futuro com o estranho sudário da desesperança... – concluiu Alex, com emoção na voz, complementado por Tracy:

– Se estivéssemos na posição de vocês e vocês na nossa, acredito que as coisas estariam acontecendo do mesmo modo que agora. E nossas pretensões não se estendem para além daquelas combinadas com o comandante: parlamentar à procura de melhor aproximação, porque em nosso mundo, tão extenuado, não há mais lugar para disputas, nem ódios. Fomos ao encontro marcado como estabelecido e aqui estamos...

– Mas isto ninguém está sabendo. Todos pensam em vocês como inimigos, espiões ou sabotadores primários que não tiveram sorte ao serem abandonados ao sacrifícios pelos seus...

– Cometeram enorme engano, pois veja: não viemos armados e somente com a roupa do corpo. Nossa intenção é de paz e, se não fosse desta maneira, já teríamos feito grande tumulto aqui no acampamento. Trouxemos medicação e condições para ajudar, nos limites de nossas possibilidades, com alegria e prazer. Se não tivéssemos vindo em missão pacífica, outros já teriam vindo e, se quiséssemos, vocês todos estariam aniquilados. Todos!... repito: to...dos!

– Então tudo faz parte de um planejamento prévio!?

– Somos especialistas em várias áreas do conhecimento humano e viemos a convite e sob as ordens diretas do administrador.

– Do próprio administrador? – espantou-se o segurança.

– Sim, amigo, e, como se não bastasse, o administrador, em sua boa intenção, acreditando no seu comandante, enviou o próprio filho... – acentuou, Alex, intencionalmente. Os olhos do segurança pareciam mais abertos pela estupefação, ante a informação recebida. Tudo parecia inacreditável.

– E onde está o filho do administrador? Quem é ele? – perguntou, o segurança, com certa ansiedade na voz.

– À sua frente, amigo, olhe bem para o Tracy: Você deverá ter visto, em algum momento, fotografias do administrador. Veja a semelhança entrem os dois!

– É verdade, jamais poderia pensar numa coisa destas!...

E aquele homem, ainda sob o efeito da perplexidade diante do que acabara de ouvir, acrescentou:

– Está anoitecendo, preciso ir... – e retirou-se dali, a passo lento.

Os três amigo prosseguiram conversando entre eles mesmos.

– Por que será que o Querido Amigo sugeriu déssemos a conhecer o Tracy como filho do administrador? – perguntou Alan.

– O Querido Amigo é sempre sábio! Pela admiração do nosso amigo, grande parte da população tomará conhecimento do fato e encontrará motivos para dar crédito às nossas palavras e intenções do nosso governo – apressou-se Tracy em responder.

– Mas o comandante também tomará conhecimento de que em seu acampamento está o filho do administrador e isto poderá constituir-se num sério complicador.

– O comandante conhece a verdade, que, intencionalmente, omitiu aos seus. No entanto, de posse da nova informação, mudará de estratégia por pensar que tem um grande trunfo em suas mãos para domínio e exigências. Cuidará de nossa integridade física, buscará maior aproximação conosco. Nessa hora nossas posições, opiniões e modo de pensar deverão ser claros, verdadeiros, sem titubeios e honestos, e, quem sabe, possamos tocar-lhe o coração?

A noite chegou, sem novos incidentes. A população, agitada pelo "milagroso acontecimento", recolheu-se bem tarde do que de costume.

Ao fim da madrugada, quase ao nascer do Sol, quando o horizonte manchava-se de rubro, o som de muitos veículos em movimento invadiu o acampamento anunciando a chegada intempestiva do comandante e sua comitiva. Sua visível irritação indicava que alguém já o havia informado por radiofonia dos últimos acontecimentos.

Não escondendo seu mau humor, tomou, de imediato, medidas drásticas – mandou fechar o fornecimento de água da nova fonte, colocou guardas armados diante do poço, substituiu vários lugares-tenente e mandou prender outros que haviam permanecido de plantão durante sua ausência e, finalmente, destinou dois mal encarados asseclas para mudarem de cela os prisioneiros.

Os três foram brutalmente arrancados da cela em que estavam e, conduzidos aos empurrões, de tal modo algemados que, quando um caía ao chão, os outros tombavam, também. Foi um alívio quando chegaram à nova cela, mais infecta do que a anterior. Naquela noite não conseguiram dormir por causa das intensas dores por todo o corpo.

Durante o dia não receberam água ou qualquer alimento e, no dia seguinte, uma ração minguada mal pôde deter-lhes a fome. A cada mudança de guarda, as sessões de espancamento prosseguiam, mas nenhum dos três gritava ou gemia, para espanto de seus algozes. Apenas as expressões faciais indicavam os níveis de dor, nada mais. De forma brusca, também, acabaram-se as visitas dos amigos granjeados naquele reduto. Apenas um jovem que se convertera em vigilante permanecia, sempre à distancia, observando.

– Comandante – entrou na sala de comando um dos dois asseclas responsáveis pela guarda dos prisioneiros.

– Prossiga, pode falar. O que se passa?

– Há dias que maltratamos os prisioneiros, mas aqueles idiotas nada dizem. Sei que estão sentindo, mas inexplicavelmente mantém-se em silêncio, sem um gemido.

– Traga-os aqui. Vamos interrogá-los.

Alguns minutos depois, o vigilante retornou trazendo os três prisioneiros. Seu estado era lastimável. Equimoses, hematomas no rosto e nos braços eram bem visíveis, tanto quanto o ar de cansaço e as expressões de dor.

– Então, como estão os mágicos milagrosos? – expressou-se o comandante com acentos de ironia. – Querem ser bons amiguinhos?

– Não somos milagrosos, nem mágicos – adiantou-se Tracy.

– Soube que pretendem nos atacar. Quantos virão?... Por onde?... Respondam logo!...

– Não pretendemos atacar... Se quiséssemos, já o teríamos feito. Acreditamos em sua palavra e viemos de boa vontade, sem armas ou defesas... como irmãos, apenas. E você sabe disso. – respondeu Alex.

– Trate-me por senhor, ouviu?

– Sim, senhor! Mas isto não mudará minhas afirmativas.

– Para inimigos não existe palavra empenhada.

– Mas mantemos a nossa, pois, embora não acredite, não somos seus inimigos – acrescentou, Alan a seu turno.

Façam um simples milagre: libertem-se dessas algemas e assim me convencerão de que dizem a verdade. Qual será o truque, desta vez?

– Não precisamos de truques, senhor. Já disse, estamos aqui porque queremos e temos esperanças de convencê-los disso e estabelecermos bom relacionamento.

O comandante deu estrepitosa gargalhada, ante esta última informação e, em seguida, despediu o segurança e os demais assessores afirmando-lhes que não havia perigo de ali permanecer a sós com os três.

– Estamos a sós, comandante – foi a vez de Alex se pronunciar, pois os outros dois, ofegantes, achavam-se muito cansados. – Permita-me falar. Até agora o senhor não nos ouviu.

– Pois então fale! Farei esta concessão! E, fale logo!

– Comandante, de que tem medo? Tem receios de ser convencido por nós e de quebrar, assim, o seu orgulho?

– Não temo a nada e de nada tenho receios!

– Então, comandante, é contando com isso que diremos tudo o que for necessário. Não há testemunhas. E você ouvirá porque sente necessidade de nos ouvir para ter a falsa satisfação de negar tudo com todas as suas forças. O seu povo está morrendo, passando por enormes sofrimentos e privações desnecessários. Viemos aqui para ajudar, sem milagres, porém com ciência e coração.

"Você mantém aceso um ódio injustificável e o alimenta induzindo o povo a segui-lo com um ódio que não é dele. Você os engana e os usa, deliberadamente, e, ao contrário do que pensam, não pretende salvá-los, e sim levá-los ao extermínio gradativo ou abrupto se conduzi-lo a um ataque suicida, na improvável tentativa de deixar sua marca na história, criando naqueles que não estão sob seu comando, como nós, terrível e milenar sentimento de culpa...

"Você também acusa o restante da humanidade, contudo tem consciência de que a situação vivida, hoje, por todos é o resultado da inconsequência dos nossos antecessores, justamente os seus contemporâneos. E sabe, inteligente como é, que este quadro pode ser modificado.

"Sabemos que você planeja uma grande ofensiva para um confronto armado, consciente de que seu armamento é obsoleto, diante de nossas pesadas baterias, e que sem sairmos de casa temos condições de reduzi-los a fragmentos."

– Fale-me, agora, qual foi o traidor que lhes contou minha estratégia!... Qual o seu nome?... – gritou, nervoso, o comandante.

– Não há traidor, comandante. Você não divulgou ainda. Apenas lemos em sua mente e sabemos muito mais. Medite um pouco a respeito. Para que manchar mais as suas mãos? Entre para a história de outra maneira: como o homem que conseguiu a remissão de todo um povo!

E, para surpresa dos três amigos, o comandante mudou o tom de voz. Com expressão de tristeza, falou pausadamente, momentaneamente desguarnecido pela envolvência do magnetismo de sinceridade daqueles missionários do bem.

– Não posso voltar atrás. Caminhei bastante e não quero retroceder em meus passos e oferecer um triste e ridículo espetáculo de fraqueza. Tenho que ser forte!

– Não se trata de fraqueza – prosseguiu Alex –, e sim de grandeza. Eles creem no seu poder de persuasão. E o seguirão por onde for, embora grande parte do seu grupo já não saiba nem tenha certeza do que realmente querem.

– Vocês os hipnotizaram... Só pode ser isto!...

– Engano, amigo. A mudança neles já se vem operando e agora eclodiu, colocando, às claras, o sentimento geral. Há um grande cansaço. Você poderá continuar a comandá-los, mas sob outro ponto de vista.

O comandante, perturbado por pensamentos contraditórios, assessorado por sentimentos de mesma ordem, permaneceu em silêncio por alguns segundos, após os quais inesperadamente deu forte soco na mesa e falou entre dentes:

– Miseráveis! Pensam que vão me hipnotizar, também? Estão enganados, conheço essa técnica. Quase me convenceram. Guardas! Guardas! Levem-nos daqui e, amanhã, executem-nos!... Livrem-se deles!

– A que horas, senhor?

– Às nove horas, na praça!...

Alex, Alan e Tracy foram novamente arrastados para a cela, algemados. Estavam com sede e com fome.

– Tracy, Alan... Como estão vocês? – perguntou Alex.

– Nem melhores nem piores do que você!

– Então esperem um pouco, porque ainda tenho alguns comprimidos energéticos. Fortalecem e são analgésicos.

Ato contínuo, Alex arrancou pequenos botões do casaco que vestia, que ali se encontravam como enfeites, e lhes disse:

– Não mastiguem. Eles reagirão com as enzimas da saliva e serão absorvidos pela mucosa bucal.

– Cuidado! Silêncio! Alguém se aproxima e, assim à contraluz, não dá para perceber quem é – falou Alan em surdina. – Parece aquele jovem que nos vigia.

O homem alto aproximou-se das grades, colocou o indicador sobre os lábios, numa clara indicação de silêncio, e gesticulou para que se aproximassem. Em seguida, retirou de debaixo de sua longa capa frascos com água fresca e limpa, um recipiente com uma espécie de alimento pastoso que cheirava bem, alguns pães e uma bebida que parecia vinho

Tracy fez menção de agradecer, mas foi impedido pelo noturno visitante, que, com gesto de silêncio e tão silenciosamente como veio, desapareceu protegido pelas sombras da noite.

O alimento fora providencial.

– Pelo menos não morreremos à míngua – pilheriou Alan. – Ele é o nosso vigilante diário. Mas por quê?!...

Como não pudessem atinar com a resposta, silenciaram, cada um entregue ao próprios cismares, pois, embora cansados, não sentiam sono.

16. Visitas

Com o passar do tempo, a ambiência da cela foi-se acumulando de imensa paz, percebida por todos, e, após diversas observações a respeito, Alex, em semitranse, esclareceu:

– O Querido Amigo está aqui, em espírito, pedindo-nos para não nos preocuparmos, recordando que amanhã será outro dia.

Depois disso, uma branda sonolência tomou conta do grupo, que logo adormeceu profundamente.

Decorrido algum tempo, Alex despertou. Sentindo-se bem, desejou levantar-se e, num piscar de olhos, viu-se inexplicavelmente de pé, e pensou: "O que está acontecendo comigo? Não mais sinto as dores, nem machucaduras; sinto-me leve. O que ocorreu?"

Ao pressentir presenças ao seu lado, virou-se e viu Alan e Tracy, também de pé, sorrindo para ele.

– O que está acontecendo? – repetiu em alta voz sua pergunta.

– Nada de mais, amigo, olhe para nossos leitos.

Alex, ao olhar para o local indicado, viu os corpos dos três em estado de prostração.

– Então não resistimos... Morremos todos! – exclamou admirado.

– Sim, mas apenas temporariamente. Cada sono é uma pequena morte. E, no momento, estamos com plena consciência de nossa emancipação, o que não é ocorrência comum. Enquanto o sono atende à necessidade do corpo somático, nós, unidades de consciência, muito embora ligados à sua estrutura celular, vivemos a vida de espírito imortal.

– Isto é maravilhoso!

– Veja, Alex. Temos visitas. Olhe quem está conosco!

Alex virou-se novamente, para exclamar:

– Silvia! Meu pai! Querido Amigo! Que alegria... – e abraçou-os emocionado.

– Agora, amigos, temos o que fazer – assumiu, Sophos, com segurança de líder. – Vamos até o Comando. O tempo é curto.

– Alex, não é necessário forçar a porta de grades. Basta querer sair, pois não há barreiras intransponíveis para o espírito – explicou Sophos, sorridente.

Bjorn e Silvia despediram-se, esclarecendo que não poderiam ficar por mais tempo, uma vez que, por causa dos ciclos lunares, houvera alteração em seus biorritmos e, dentro em pouco, deveriam despertar.

Uma vez na sala de comando, o grupo pôde a tudo observar e ouvir sem que se apercebessem de suas presenças.

– Amanhã, finalmente, estaremos livres daqueles três inoportunos, que não servem para nada. Até hoje não foram reclamados pelos seus superiores, nossos inimigo. Além do mais, há algo que não estou compreendendo...

– O que é, comandante?

– Os maus tratos recebidos, o contato com os seguranças e a alimentação sem proteínas já deveriam ter conduzido a uma contaminação. Se isso tivesse acontecido, eu os teria libertado para voltarem e promoveram uma contaminação em larga escala. Mas isso não aconteceu!... – falou espantado o comandante.

– Eles tem alguma coisa diferente, senhor comandante. São muito estranhos. Acharam água límpida, conquistaram alguns dos nossos e, o que é mais surpreendente, eliminaram as chagas de muitos que agora estão saudáveis!

– Não seja idiota! Tudo não passa de fatores psicológicos e nada mais! Até você está se entusiasmando! Quer ir para junto deles?

– Não, comandante! Jamais! – respondeu o homem. – Desculpe-me.

– Comandante, comandante – entrou no ambiente outro subordinado, espavorido, sem os cumprimentos usuais à autoridade superior.

– Alinhe-se, homem! Retire-se e aguarde ser chamado ou será açoitado!

– Perdão, senhor, mas é muito importante, senão eu não estaria aqui! Fiz uma descoberta inesperada – falou o homem, ofegante.

– Então fale! E seja breve!

– Comandante... – encorajou-se aquele homem, reticencioso, supondo sua descoberta não ser tão importante assim – descobri... que... um de seus prisioneiros... é o filho do administrador...

– Filho do administrador!? Tem certeza?

– Senhor comandante, é o comentário geral. O mais alto deles, que tem o nome de Tracy.

– Se os boatos são verdadeiros, então isso é realmente muito importante. Tenente – o comandante dirigiu-se a um de seus subordinados –, ponha a imagem do administrador na tela do visor e compare com os registros do prisioneiro.

– Acionados alguns comandos do visor, a imagem apareceu nítida na metade da tela, enquanto a imagem de Tracy surgia também nítida na outra metade.

– É impressionante a semelhança. Como não percebemos antes! Remoce a imagem do administrador, quadro a quadro... Um pouco mais... Perfeito! É verdade! Isso muda nossa estratégia. Por hoje você está perdoado, volte ao seu posto.

– E o que faremos? – perguntou o tenente

– Suspenda, imediatamente, a sentença de morte, agora mesmo! Transmita a ordem!...

– Sim, senhor!

"É hora de replanejar... É hora de cautela... Cuidado!...", pensou de si para consigo o comandante, andando de um lado para o outro.

Enquanto isso, o Querido Amigo dirigiu-se aos seus companheiros:

– Nada mais há a fazer aqui e o administrador nos aguarda. Vamos até lá.

Quase que imediatamente estavam todos nos aposentos do administrador, também fora do corpo físico, que, em seu leito, ressonava tranquilamente.

Conversaram por algum tempo, colocando-o a par de tudo.

– Estes são os fatos, senhor. A hora se aproxima e todas as providências da primeira etapa foram tomadas e concluídas. Os acontecimentos ocorreram como previsto. Poderemos, então, partir para a etapa final. Pela manhã começarei as ações.

– Devo cumprimentá-los a todos pelo excelente desempenho, com a devida competência, mas sobretudo com amor. De outra forma teríamos conseguido muito pouco.

– Senhor – prosseguiu o Querido Amigo –, a aparelhagem funcionou adequadamente para registrar todas a imagens?

– Com perfeição e o suficiente. Estão sendo editadas para a transmissão a toda a população que aguarda meu pronunciamento.

Tracy, Alan e Alex olhavam uns para os outros sem compreenderem aquele diálogo insólito para eles, mas foram socorridos pelo administrador, que esclareceu:

– Meus filhos, há procedimentos que foram intencionalmente ocultados de vocês dada a delicadeza da operação. Era necessário que, agindo por conta própria, guiando-se pelo bom senso, não se preocupassem com esta outra parte. Toda a ação do comandante, na hora da captura, parte do nosso diálogo e fatos de suas vivências no acampamento, como prisioneiros, foram registradas por microcâmeras escondidas em vocês, gravadas em nossa central e veiculadas para toda a população. Há uma comoção geral e tenho recebido muitas sugestões de ação e inúmeras vídeomensagem de apoio de toda parte. É confortador saber que todos estão empenhados na recuperação de nossos irmãos que caminham em rotas tão dolorosas.

– Amigos – interferiu Sophos, aproveitando-se de um espaço na fala do administrador –, devemos retornar. É hora de sairmos da pseudomorte e voltarmos à pseudovida. Mas antes há uma boa surpresa para vocês. Uma visita, um amigo de todos nós que nos tem acompanhado há séculos, em nossas vidas. Ele se fará visível, nos dirá breves palavras e vocês voltarão ao corpo com este último e gratificante registro. Permaneçamos em silêncio buscando oferecermos as condições de frequências ideais.

Aos poucos luminosa nuvem foi-se adensando no centro do grupo até tornar-se bastante compacta para definir a presença de uma mulher ainda jovem, de rara beleza, de expressões serenas no rosto e nos gestos, principalmente nos olhos que irradiavam amor:

– Meus amigos, meus filhos queridos, as nossas esperanças de um mundo transformado e feliz começam a prenunciar-se após milênios de labores.

"A mensagem do amor, como sementes promissoras, foi trazida e lançada ao solo da Terra, cultivada e mantida viva com o sacrifício de tantos que compreenderam a simplicidade da proposta de Jesus, que elegeu apenas dois mandamentos, não mais que dois, para um caminho sem atalhos ou precipícios.

"Vocês, agora, com o sacrifício pessoal, resgatam compromissos sérios com este grupo em que a rebeldia desgasta-se pouco a pouco, pela saturação e cansaço, de um lado, pelo espírito de verdadeira fraternidade do outro.

"Somente o amor seria capaz de reverter essa postura suicida dos Filhos da Luz, que também são nossos filhos tanto quanto nossos irmãos.

"Esperei por estes momentos, na fieira dos séculos, na contagem terrestre, consciente de que a criatura humana herdou, em sua intimidade espiritual, as luzes do Divino Criador, que, embora obscurecida pela ignorância, estaria apta a romper esse casulo, na medida em que o homem se capacitasse, gradativamente, a desgastá-lo. E, uma vez rompido, a eclosão dessa claridade traria o conhecimento integral e a perfeita felicidade, tão enganosamente desejada.

"Estou feliz! E sempre estarei com todos."

Enquanto falava, suave claridade azulada irradiava-se dos olhos e do lado esquerdo do peito e espalhava-se no ambiente.

– Confiem... Confiem... – e silenciou desmanchando-se em poeira luminosa.

* * *

Amanheceu, finalmente, e o administrador, com vivacidade, foi ter com Pandiá. Enquanto faziam o desjejum, conversavam:

– Quando será a transmissão, senhor?

– Daqui a dois dias, às dezoito horas. A população estará atenta, pois as chamada que produzimos despertarão o interesse. Todos os *centros de filosofia da vida* estarão abertos, aptos a abrigarem grandes contingentes de pessoas e a retransmitirem com fidelidade sons e imagens. Amanhã pela manhã, Silvia e Bjorn estarão de volta e juntar-se-ão a nós para enriquecerem meu pronunciamento.

– Tenho pensado e meditado muito a respeito da situação dos três, naquele acampamento – expressou-se Pandiá com acentos de preocupação. – Será, senhor, que seus sacrifícios justificam nossos objetivos? Não estarão sendo manipulados e utilizados por nós?

– Você percebeu, amigo, que eles aceitaram o compromisso, de imediato, sem quaisquer perguntas e sem titubeios? E até com uma expressão de satisfação?

– Percebi, senhor!

– Pois devo acrescentar, para sua tranquilidade, que nossa participação foi a de oportunizar e relembrar seus compromissos. Esta foi a sua programação de vida preparada durante muitas vidas. Quando Tracy nasceu, Sophos surgiu no meu caminho e vaticinou minha futura condição de administrador e durante anos preparou-me para isto. Falou-me da importância deste século, destinado à complementação dos planos para a mudança de categoria moral do nosso mundo, tão desolado e desgastado. Mostrou-me, ainda, o que representavam os Filhos da Luz, suas dificuldades e os nossos compromissos morais para com eles. Foi quando conheci, corporificados por ectoplasmia, Alex e Alan, que viriam, logo em seguida ao Tracy, tomar forma, na Terra, em novo renascimento, para com ele cumprirem missão específica.

"Em transe sonambúlico consciente, vi aquele grupo de almas, os Filhos da Luz, por vários séculos desviados da retidão e do caráter, em pontos e épocas diferentes, no mundo, sob a liderança de Alex, Tracy e Alan. Por afinidade e pendores, atraíram-se, nascendo e renascendo juntos em grupos homogêneos, e, há alguns séculos, encontrando-se numa mesma existência tornaram-se grandes amigos, como se somassem as mesmas cotas de erros acumulados. Àquela época serviram sob as ordens do atual comandante dos Filhos da Luz, em várias oportunidades, imperando sobre as hordas de unos, tártaros, mongóis...

"Tinham profunda admiração pelo seu chefe, por sua pujança, inteligência, força e desempenho nas batalhas e saques. Mas, feridos e abandonados, tomados por profunda decepção, foram socorridos por homem bom que sabiam ser inimigo. Conheceram, assim, sentimentos que não sabiam existir de piedade, compaixão e fraternidade. Descobriram, naquele homem simples, que tudo era possível quando existia amor. Ele era cristão.

"Pela primeira vez descobriram a sensação de paz.

"Compreendendo que a energia que os impulsionava a destruir era capaz de construir e realizar coisas boas, distanciaram-se de seus grupos e procederam não apenas à reconstrução íntima, mas também de tudo o que haviam destruído..."

– E quem era aquele homem bom, senhor? Há notícias dele?

– Era, não, Pandiá, é Sophos! Encantaram-se com sua simplicidade e lógica de verdadeiro sábio. E, antes de renascerem, na presente existência, solicitaram participar da missão de reconduzir, por outros caminhos, o restante de seus grupos. O contato com seus antigos companheiros, que no subconsciente os consideraram desertores e traidores, inegavelmente lhes traria grandes sofrimentos, como trouxe, por isto, e por conhecerem mais intimamente a psicologia do grupo, eram eles os que possuíam as melhores condições para se infiltrarem e tentarem envolvê-los com seu amor. E avançaram bastante, minando-lhes as resistências e a oposição.

"Agora é o momento da ação conjunta, enquanto há tempo. A partir deste momento, as responsabilidades são coletivas, pois somente a mobilização coletiva de corações e almas oferecerá as condições definitivas para a mutação global.

"Acresce, Pandiá, que os diretores espirituais da vida planetária permanentemente promovem recursos energéticos para atuarem no cerne do sentimento latente e vivo que se esconde sob a capa do mal e da ignorância, porque a força criadora é uma só, única, está no recôndito de cada ser, promovendo a ininterrupta reconstrução. Há renovação desde a molécula de carbono ou de ferro que circula em nossas veias, até as formações galáticas mais complexas. De certa forma, em tudo há vida, mesmo nas expressões da matéria mais grosseira à essência espiritual mais pura, porque em tudo vive o Espírito do Criador.

"Há, nos Filhos da Luz, Pandiá, cargas de profundos sentimentos, mas eles não tinham consciência disso. A grande função dos três amigos prisioneiros, aparentemente impotentes, foi a de fazer desabrochar as flores do coração, de libertar da crisálida a borboleta policroma, do mesmo modo como fizeram jorrar a água límpida do solo feio, duro, ressequido e estéril."

– Poderá haver alguns que, mesmo assim, não aceitem modificações – insistiu Pandiá – por rebeldia?

– É possível, mas serão em número tão inexpressivo que, em virtude das dificuldades consequentes do isolacionismo, compulsoriamente procurarão ajuda por causa da insuportável autossaturação.

– Mas, senhor, nestes casos não poderá haver autodestruição e morte?

– Não, porque a autodestruição já foi experimentada muitas vezes em outros tempos e rejeitada por sua ineficácia como libertadora. Por outro lado a autossaturação é o resultado da profunda incompatibilidade entre a luz que cada um de nós carrega dentro de si, em ânsias de expansão, como convite milenar, silencioso mas expressivo, ao bem, à paz e à felicidade, e a sufocante teimosia das trevas.

– Como está planejada a transmissão, senhor administrador?

– Marcamos para daqui a dois dias por dois motivos: em primeiro lugar, de acordo com nossos analistas e psicólogos, o comandante nada fará aos seus prisioneiros neste prazo. Como já sabe que Tracy é meu filho, ainda não sabe o que fazer para tirar proveito da situação. É bem provável que queira negociar, mas não saberá o que ou como negociar, uma vez que qualquer exigência somente trará benefícios. E ele correrá o rico de perder a dominação pela força do ódio. No momento em que ele chegar a essa conclusão, sim, haverá perigo real. Nossos queridos não mais terão serventia para ele. Em segundo lugar, Silvia e Bjorn chegarão somente amanhã e participarão do debate.

– Debate?

– Sim, apresentaremos as alternativas sob o ponto de vista do ministra da segurança e do ponto de vista da Governadoria ou Administração.

* * *

No dia seguinte Pandiá e o administrador, acompanhados por Sophos, dirigiram-se ao espaçoporto para recepcionarem Silvia e Bjorn.

– A que horas chegarão, Sophos? – perguntou o administrador.

– Na verdade já chegaram! Mas ficarão por mais quinze minutos na sala de aparelhagem para exercícios de condicionamento para a nossa gravidade. Logo sairão.

Passado o tempo previsto, abriu-se a porta da sala para o grande *hall* de espera, saindo por ali vários passageiros e entre eles Bjorn e Silvia, que exclamaram com alegria:

– Administrador, Pandiá, Querido Amigo, que bom revê-los! – e abraçaram-se com sinceridade.

– Vamos para minha casa – disse o administrador, dando o braço a Silvia que, deu o braço a Sophos –, lá conversaremos melhor. Preciso adiantar, sobre a participação de vocês no debate de amanhã.

– E nós – redarguiu Silvia – deveremos informar sobre nossas atividades e o desfecho da situação na base lunar.

17. A Grande Decisão

Às dezoito horas, todos os canais das emissoras televisivas passaram a transmitir, em rede, num *pool* mundial nunca visto. No estúdio da Governadoria foi montada a mesa-redonda para o debate, cuja conclusão seria definitiva para os destinos da vida comunitária mundial.

O administrador, ao centro, ladeado pelos debatedores, tão logo recebeu o sinal da direção do sistema, abriu a sessão:

– Boa-noite, amigos. Vivemos até hoje para presenciar e participar do momento mais decisivo de toda a história da humanidade. Toda a longa marcha da trajetória humana que os milênios viram passar tem hoje sua culminância. Guerras ou conquistas sociais, dores e vitórias morais, lágrimas ou ascensão espiritual, obscurantismo ou renúncias fraternais, ódios injustificáveis ou desprendimento heróico, reinados de terror ou democracias verdadeiras, as trevas da indiferença ou as glórias do amor...

O administrador falava com vigor, comunicando sua emoção, envolvendo até os profissionais da transmissão ali presentes. Após pequena pausa, prosseguiu:

"Todos esses ensaios, exercícios e aprendizado, por todas as eras, para a definição do perfil psicológico e moral do homem, terão sido suficientes e indicadores de seu amadurecimento?

"Este é o momento de se desfazerem os últimos bastiões, nos bolsões de resistência dos Filhos da Luz. Não se trata de vitórias sobre a rebeldia, mas de responsabilidade de uns para com os outros, expressa nos princípios da *liberdade* natural de todo o ser humano, da *igualdade* de direitos e de deveres sob as claridades da consciência, da *fraternidade*, que reúne sob seu pálio tanto a liberdade quanto a igualdade.

"A tranquilidade da consciência humana, no presente e no futuro, será decidida hoje!"

O administrador fez nova pausa e continuou, desta feita em tom mais protocolar.

– Ao tomar conhecimento, através de transmissões ao vivo, de que três dos destacados homens de ciência, mundialmente conhecidos por seus serviços prestados à humanidade, acham-se sob a custódia dos Filhos da Luz, e que estes homens assim procederam à custa de seu próprio sacrifício e desprendimento, na tentativa de envolvê-los com seus ideais de fraternidade, considerando ainda que, no momento, há um perigo iminente de que seus sacrifícios sejam maiores, o de suas vidas, a Comunidade solicitou, através de seus representantes oficiais, uma definição governamental.

"Em tais circunstância, o administrador não governa sozinho ou sem a participação das legítimas representações populares. Contudo, a Governadoria tem preparado um plano de ação, que, entretanto, será apresentado em dois únicos casos: 1º) se não houver definição de quaisquer ações a serem tomadas; 2º) para contra-argumentar, se as ações propostas estiverem em desacordo com os princípios de nossa plataforma governamental, com a qual fomos eleitos e através da qual temos pautado nossa postura, em acordo com a legislação em vigor.

"Populações e líderes de todas as confederações mundiais estão sintonizados conosco e, oficialmente, prestaram seu apoio e solidariedade para que se cumpra o que for estabelecido. Acrescento, finalmente que, se necessário, os líderes de confederações, em linha televisiva, poderão intervir com propostas ou sugestões, no momento adequado.

"Portanto, amigos, fará uso da palavra o ministro para assuntos estratégicos, dispensadas as fórmulas protocolares."

– Tenho a plena convicção de que esse abuso deveu-se à retirada da ação militar mais repressiva – iniciou o ministro, com veemência em suas palavras. Fez uma parada brusca, de efeito e continuou:

– Uma audácia de tal ordem não pode ficar impune considerando-se, principalmente, que se trata do filho do administrador, em situação de perigo de vida. Temos todo um poderio bélico de ação à distância, insuperável, mas inoperante, por desativado, e capaz de eliminar, para sempre, problemas dessa ordem a fim de que prossigamos em nossa marcha e em paz – continuou, contundente. – Por isto, proponho a rápida extirpação do quisto social com uma cirurgia dolorosa, mas necessária, de rápida cicatrização. Temos estratégia e recursos para o resgate do filho do administrador, sem que o mesmo sofra um arranhão sequer. Falo com dureza e com segurança, por entender que um quisto não faz parte do organismo e o paciente sente-se aliviado com a sua retirada. Sob esse aspecto, creio respeitar a sensibilidade de todos, considerando a ação proposta como um fato natural e corriqueiro em nossas vidas.

"O Ministério para Assuntos Estratégicos, outrora adequadamente intitulado Ministério da Defesa, ressente-se de sua gradativa desativação..." – e o ministro prosseguiu com ressentimentos de ordem política até completar o tempo que lhe foi oferecido para expressar-se.

Sem qualquer consideração a respeito do discurso do ministro, o administrador concedeu a palavra à representante Silvia Steinberg:

– O problema crucial não é a prisão do filho do administrador, meu estimado amigo Tracy em igualdade de condições com outros dois inseparáveis amigos tão valorosos quanto ele. As imagens veiculadas para o mundo todo, relativas ao seu cativeiro, mostraram claramente a atitude voluntária de desprendimento e de profundo amor pela humanidade. Somente isto seria suficiente para elegermos uma ação compatível com a postura daquele três amigos.

"Aprendemos com os antigos a utilizarmos o veneno para um fim útil, ao aplicar seus princípios ativos na cura. E um quisto é produzido pelo próprio organismo em desarmonia interna, não lhe sendo estranho, portanto, e somente se desenvolve intestinamente, por descuido, podendo ser debelado e reduzido sem cirurgias agressivas.

"Os Filhos da Luz, como se intitulam, embora distanciados pelo desconhecimento, são também a humanidade. Temos a responsabilidade e o dever de acolhê-los em nosso seio e oferecer-lhes as condições de conhecimento para a escolha. Até o momento, que alternativas lhes oferecemos, nós que nos arrogamos conhecedores do bem e da verdade? Temos condições de eliminá-los a todos e até de uma só vez, no entanto, teremos condições de suportar, para todas as eras e tempos futuros, o peso de nossa atitude de autocognominados de civilização?"

– Prezada senhora – exclamou o ministro, interrompendo-a, ao perceber a força daqueles argumentos que poderiam definir o voto popular –, eu não tive a intenção de afirmar que os eliminaríamos. Mostrei, apenas, nossas possibilidades... mas, temos outras alternativas. Poderemos empregar os raios paralisantes, que não ferem, confiná-los para um processo disciplinar de reeducação e ressocialização e, talvez, depois, com o tempo, serem utilizados como mão de obra...

– Enganou-se novamente, senhor ministro. Não podemos esquecer que eles são tão seres humanos quanto nós e que todo o seu pendor beligerante vem da ignorância e da insegurança em que vivem, sem expectativas. Confinados eles já se encontram, vítimas de si mesmos em prisões mentais. Não podemos, jamais, nem oferecer-lhes a libertação, o que seria uma atitude de superior para inferior, e sim estimulá-los a libertarem-se para confiarem nas próprias forças e acreditarem em si mesmos. Paralisação da vontade, confinamento e escravidão não se coadunam com os princípios de solidariedade e de fraternidade que se esboçam definitivas no coração humano. A conquista será feita com plena consciência da vontade livre, de pensamento e ações livres, para que seja efetiva. Não necessitamos de escravos ou robôs humanos. Não gostaríamos de sermos vistos por eles com simpatia, do mesmo modo que poderemos vê-los assim, com outra disposição, sem rejeições?

"Olhem bem suas feições e suas formas, para além das marcas do sofrimento e dos andrajos. São revoltados porque sofrem e somente conheceram a revolta como significado e motivo de suas vidas. Experimentem inverter as posições. Imaginemo-los ocupando os nossos lugares e nós, nossas mulheres, nossos maridos e nossos filhos... Vejam bem, nossos filhos... nas posições deles.

"Não vejo outra alternativa que não seja a de uma ação coletiva, global, que possa demonstrar e convencê-los, sem qualquer resquício de dúvidas, de nossas reais intenções, de desprendimento, de humildade e de um verdadeiro sentimento de *igualdade*. Uma demonstração coletiva de que somos capazes de renunciar a nós mesmos e colocar-nos lado a lado com sua angústia e dor. Deverão ver e sentir que podemos nos sacrificar por eles, sem receios, com segurança na alma. E não resistirão, garanto-lhes, e tudo verdadeiro, porque seremos parte deles como eles serão parte de nós."

Silvia parou emocionada. Refeita, prosseguiu para completar seu pensamento:

– Temos notícias de que grande parte dos Filhos da Luz estão profundamente sensibilizados e abalados com a postura dos três prisioneiros que, mesmo nas condições precárias em que se encontram, têm amparado, socorrido e orientado. Só têm feito o bem.

Pandiá, atento, assessorando o administrador, segredou-lhe:

– Senhor, o ministro, inconformado, está confabulando com seus assessores para quebrar todo o trabalho de sensibilização promovido, com muito amor pela Silvia, traduzindo o pensamento da Governadoria.

– Obrigado, meu amigo. Mas vamos aproveitar a sua vaidade para eliminarmos os resíduos de belicosidade a fim de que somente a paz permaneça. Este é e sempre foi o pensamento dos diretores espirituais da vida planetária sob a permanente supervisão de Jesus, o Cristo.

– Qual será seu procedimento, senhor? Ele poderá intervir a qualquer momento!

– Não intervirá, pois sabe que somente poderá falar após meu pronunciamento final antes da votação.

O administrador, com gestos expressivos, falou solenemente, sob o olhar ansioso do ministro:

– Antes de autorizar a votação para as duas propostas apresentadas, esclareço que sempre é votada, em primeiro lugar, a última proposição com 'SIM' ou 'NÃO'. Por economia de tempo proponho votar apenas com 'SIM' os que forem a favor da primeira proposição. Nossos computadores tem o número total de votantes e como não se fazem as *abstenções*, teremos mais rapidamente o resultado da proposição vencedora, sabendo-se que nenhum sinal na segunda proposição significa voto positivo. Os que discordam sinalizem digitando a tecla 'd' de seus comunicadores individuais. Vamos ver o resultado na tela!... Pelo visto, aprovado!... Seus comunicadores individuais a partir de agora estarão aptos para o processo de votação. Aguardem a ordem de liberação, por favor!

"Na condição de administrador, não posso manifestar-me a respeito de quaisquer proposições, porém a legislação faculta-me o direito ao encaminhamento para votação de quaisquer propostas, desde que renuncie, no momento, ao cargo do qual estou investido. Sendo assim, renuncio, temporariamente, à investidura de administrador, para fins de encaminhamento de votação. E, de imediato, convoco para assumir a Governadoria, na qualidade de administrador temporário, a maior autoridade presente, como exige a lei, para dirigir o processo de votação, o senhor ministro para assuntos estratégicos!

18. A Batalha Final

O alarme soou agudo, lúgubre e pertinaz por todo o campo, naquela noite particularmente silenciosa até então. Rapidamente, de forma disciplinada, fruto de longo e permanente adestramento militar, os grupos de habitantes correram aos postos designados para os quais haviam sido treinados em caso de iminente ataque inimigo.

Postos de defesa, baterias de armamentos leves, baterias de armamentos pesados e de longo alcance, setores de comunicação, departamento de inteligência, central de registros dos sensores externos, painéis de varredura visual de detecção de aproximação foram ocupados, de imediato.

Em toda parte, uma tensão de crescente expectativa, pois prepararam-se longamente para um ataque que nunca veio, e agora...

Na sala de comando, a tensão era maior, os painéis de visualização de coordenadas e os sensores de infravermelho determinaram uma grande a assustadora massa humana aproximando-se ordenada, como uma gigantesca onda, imensa e contínua, avançando quadrante a quadrante.

As ordens não se fizeram esperar com a voz incisiva do comandante e as prontas respostas dos subcomandos de postos:

– Preparar, procedimento de defesa. Relatórios! Primeira linha, informe!

– Armas pesadas, lançadores de micro-obuses atômicos a postos!

– Segunda linha, informe!

– Flanco esquerdo – laser para 200 metros a postos!

– Terceira linha, informe!

– Flanco direito – laser para 200 metros, a postos!

– Quarta linha, informe!

– Infantaria – armas leves e ligeiras, granadas de micro-esferas para curta distância, a postos!

– Quinta linha, informe!

– Mísseis terra-terra, a postos!

Um a um, os postos foram inspecionados pelo comandante e, à medida em que eram chamados, surgiam nas telas do Comando Central. Acima dos monitores relativos aos postos defensivos, um grande painel de coordenadas indicava a localização dos postos defensivos, as áreas de frente de segurança crítica e as áreas já invadidas.

– Atenção – berrou o comandante –, ligar a varredura infravermelha, avaliar número e velocidade de avanço de inimigos, tempo de chegada à linha crítica, previsão de tempo de ataque do inimigo, poderio de fogo e níveis de armamento!

De imediato, os sub-comandantes logísticos passaram a operar seus equipamentos e a responderem ao comandante:

– Impossível avaliação do número de inimigos por causa da formação compacta de avanço; avanço lento indicativo de caminhada, nenhum veículo motorizado acompanhando, estão todos estacionados a grande distância!

– Previsão de chegada à linha crítica em trinta minutos!

– Previsão de tempo de ataque do inimigo: Trinta minutos; se produzirem ataque de carga pesada: vinte minutos!

– Poderio de fogo e níveis de armamento: É... espantoso!... Senhor!... – gaguejou o sub-comandante solicitado. – Não há indicação de armamentos... Estão desarmados!

– Impossível – esbravejou o comandante. – Verifique de novo!

– A mesma coisa, comandante... e os sensores estão em perfeito estado!

– Verificação geral, novamente!

– É espantoso. Com a maior aproximação, o infravermelho indica que são milhares!

– Porque espantoso!

– A análise espectral indica adultos e crianças!...

– Sensor panorâmico, verifique a linha de tiro!

– Ainda estão fora do campo de ação de nossas unidades de disparo; não determinarão ataque de carga ligeira, pois parece não haver pressa.

– Poderio de fogo e níveis de armamento, mais uma vez!

– Comandante, não posso acreditar... A varredura magnética indica: nenhum armamento. Estão desarmados, definitivamente! Veja o senhor mesmo, comandante!...

– Maximização de tela com prioridade para varredura magnética e sensor de infravermelho!...

Digitados os comandos adequados, todo o painel tornou-se uma grande tela. Primeiro, um borrão oscilante surgiu na horizontal na parte central, indicada como linha do horizonte; aos poucos, em tons esverdeados, o borrão transformou-se em massa irregular que se foi definindo até deixar perceber o imenso bloco humano, crianças e adultos, caminhando a pé, naquele solo ressequido e inóspito.

– Não é possível – exclamou o comandante, um tanto aturdido. – Deve haver algum plano oculto. O que pretendem esses loucos? Já sei, são muito inteligentes e audaciosos. Enquanto nos distraem com essa gente toda, estarão preparando ataque aéreo, de surpresa!..

– Impossível, senhor! Não existe nenhuma movimentação no espaço aéreo nem nas bases de decolagem. Estou verificando pelo satélite de controle de voos. Todas as aeronaves estão estacionadas.

– Todas? – inquiriu rispidamente o comandante.

– Todas, senhor.

– Deve haver alguma coisa que está fora de minha compreensão. Eles sabem que um confronto nestas circunstância, direto, será fatal para todos e, mesmo assim, prosseguem. É inconcebível!...

A certa distância, em silêncio, um homem ainda jovem olhava a tudo sem demonstrar qualquer ponta de emoção. Parecia meditar, imerso em seus pensamentos, quando o comandante dirigiu-se a ele:

– Jarel, meu filho!... Pegue os prisioneiros e os coloque na linha crítica, ou seja, na linha de tiro. Isto será surpreendente.

– Mas, meu pai, não devíamos.

– Não discuta as minhas ordens! Faça o que estou mandando, sem perguntas.

O jovem saiu em silêncio e, nos painéis menores, apareceram as imagens de um veículo descoberto, com os prisioneiros, dirigido pelo jovem. O veículo ultrapassou a linha das barreiras defensivas, parando duzentos metros adiante para deixar os prisioneiros algemados e presos uns aos outros e em seguida retornar.

Havia, agora, uma expressão de tristeza, em seus olhos.

– Senhor – exclamou o controlador do painel –, mais alguns metros e os primeiros, em toda a linha, estarão ao alcance de nossas primeiras unidades.

– Aguardem, não pode haver precipitações.

"Atenção! Todas as unidades sob meu comando, em seus postos. Aguardem minhas ordem. Nenhum disparo sequer, no momento!

– Comandante, veículos não militares aproximando-se, sem armamentos! Veja, senhor, todos pararam trinta metros além da linha crítica e seus veículos posicionaram-se na linha de frente, equidistantes cem metros uns dos outros. Todos possuíam uma espécie de torre de aproximadamente quinze metros de altura e sobre elas dispositivos parabólicos voltado para o acampamento. Voltados para trás, nas mesmas torres, poderosos refletores acenderam-se iluminando toda a multidão parada e em absoluto silêncio.

O espanto foi geral. Aquilo era inusitado e um murmúrio cresceu e percorreu todo o acampamento, seguido por um profundo silêncio que foi quebrado por uma voz clara e nítida de homem vinda da multidão:

– Comandante!... Comandante!...

Novo silêncio.

– Comandante!... Comandante!... Desejamos parlamentar. Por favor, responda.

– Cortem, cortem o sistema de áudio de todo o acampamento! Não quero que ouçam.

– Senhor, ficaremos sem comunicação com nossos postos. Além disso, não adianta cortar. A voz não nos alcança por alto-falantes deles nem casa com a impedância de nossos amplificadores. Ela vem por uma onda portadora, semelhante à eletromagnética. Nossos equipamentos a detectam e a identificam como tal, mas não podemos impedir a sua difusão.

– Então não temos como responder? – irritou-se o comandante. – O que está acontecendo?

– Creio que podemos, senhor! Depois que eles acionaram seu sistema, nossos medidores indicam oscilações, toda vez que falamos um pouco mais alto. Veja o vídeo-frequencímetro: mesmo desligado as senóides sucedem-se contínuas, mas alteram-se quando falamos. Isto quer dizer que a onda emitida conduz a frequência sonora em todas as direções.

– Aqui é o comandante. Estou sendo ouvido?

– Sim, comandante. Podemos parlamentar!...

– Não converso com quem não conheço ou concedo a oportunidade de falar, contudo – acrescentou em tom de ironia –, a que devo a honra de tão ilustres e nobres visitantes?

– Não sou ilustre nem nobre, meu amigo!.

– Não o tenho na conta de amigo – falou áspero e com azedume –, mas afinal quem é você e fala em nome de quem?

– Falo em nome no nosso povo. Sou o administrador

– O administrador... em pessoa? – gaguejou o comandante movido pela surpresa. Entretanto, recompondo-se do choque, equilibrou a voz e prosseguiu, com expressões de comando:

– O que você quer? Fale e retire-se ou todos sofrerão as consequências de sua audácia. Sei que não estão armados.

– Isto prova que nossas intenções não estão na faixa da hostilidade.

– Um momento, senhor administrador audaz – prosseguiu com ironia, voltando-se para um de seus auxiliares:

– Ele está blefando. Os militares devem estar na retaguarda, aguardando o momento para o ataque. Depressa, façam a varredura profunda.

Alguns segundos depois, o supervisor de imagens respondeu:

– Não há indícios de militares num raio de muitos quilômetros. Estão falando a verdade.

– Comandante – o administrador voltou a falar, demonstrando conhecimento da situação, que, aos olhos dos Filhos da Luz, deveria ser de algum místico ou detentor de poderes sobrenaturais. – Sei que o senhor já verificou que não trazemos efetivo militar de qualquer espécie, nem grupos armados à frente ou à retaguarda de seus domínios para ataque surpresa. Acredite, comandante, e vocês todos que me ouvem. Não queremos guerrear, e sim conversar!...

Apenas Jarel, o filho do comandante, mantinha-se à distância e calado, com expressões de preocupação na fisionomia. E, sem que ninguém percebesse, discretamente ligou um dos vários botões de um pequeno painel na parede, fazendo acender o *led* correspondente. Com isto, ele acionou dispositivo que permitiu a todos os setores do acampamento receberem imagem e som dos acontecimentos da sala de comando.

O comandante silenciou para pensar um pouco, olhando fixamente para seus auxiliares. Aqueles homens carrancudos, truculentos, pareciam sensibilizados com a palavra do administrador e demonstraram certo acatamento, irritando o comandante, que vociferou:

– Vamos ordenar o ataque, imediatamente. Ao ataque! Ao ataque!

– Mas, senhor – falou um deles –, eles não pretendem atacar e... talvez... talvez não precisemos fazer o mesmo.

– É verdade, senhor – acrescentou o analista de imagens. – Parecem ter boas intenções.

– E o que nos interessam as boas intenções, isto nunca preocupou vocês. Por que isto agora?

– Desculpe-me, comandante, há uma situação diferente: sempre atacamos grupos isolados. Agora estamos diante de quantos?

– Um ou mil dá no mesmo, são nossos inimigos! Não temos contemplação nem piedade!

– Mesmo desarmados?

– Mesmo desarmados! O extermínio dessa gentalha foi e é nosso objetivo, e o momento me favorece. Não posso perder esta oportunidade única – vociferou de olhos injetados de ódio.

– Mas não haverá glórias, nem honra.

– E quem está atrás de glórias ou honra. Não cultivei o ódio em vocês para, agora, lançar tudo ao vento. Jamais... jamais...

Neste instante, todos na sala de comando estavam de pé e os ânimos acirrados. Apenas Jarel, o filho do comandante, mantinha-se à distância, silencioso e com ar preocupado.

– Comandante, eles estão se movimentando. Parece que o administrador vai falar, de novo – disse o analista de imagens.

De fato, o administrador colocou-se à frente de todos para dizer:

– Viemos aqui com uma proposta de paz e para resgatar os prisioneiros. Viemos buscá-los.

– Jamais os levarão, administrador. E qualquer movimento em nossa direção eles serão os primeiros a serem destroçados, e a seguir vocês todos. Veja a trinta metros à sua frente onde vai incidir o foco de luz. Está vendo?... São eles três. Se quiserem, podem precipitar os fatos, ou seja, o inevitável.

– Então, comandante, morreremos todos com eles. Estamos dispostos a isto e não voltaremos de mãos vazias. Mas ninguém precisa morrer. O momento é de vida e renovação. Podemos unir nossas forças e oferecemos a todos uma vida melhor com saúde, alimentação e repouso.

"Suas chagas e dores terminarão e viveremos como irmãos, que somos. Quando disse que não voltaríamos de mãos vazias, referíamos também a vocês. Ficaremos aqui nas mesmas condições, se necessário. Vejam suas crianças em precoces sofrimentos. Chega de lutas e andanças sem destino, como é sem destino a vida de todos. Vocês não estão irremediavelmente perdidos. Olhem para nós: somos iguais e temos as mesmas origens. Deixem-nos juntar a vocês ou juntem-se a nós e construiremos juntos o nosso futuro, as suas e as nossas vidas. Não teremos paz nem felicidade se permanecermos assim.

"Não culpem a ninguém por sua desdita. Todos sofremos com a inconsequência humana do passado. A destruição foi quase total. A única diferença é que lutamos pela recuperação e estamos sadios. Vocês ainda têm chance e podem se recuperar-se, e viver em paz. Deixem que seus tormentos terminem. Suas vida são nossas vidas!"

– Chega de conversa, administrador. Vamos eliminar, agora, os prisioneiros para que sirvam de demonstração.

O Governador afastou-se um pouco para dar passagem a um casal ainda jovem que se apresentou, ficando em primeiro plano. Era uma moça lindíssima, de feições delicadas, olhos serenos e bons. Os cabelos dourados caíam-lhe naturalmente sobre os ombros.

Ela adiantou-se e afirmou com tranquilidade:

– Comandante, vou juntar-me aos prisioneiros. Morrerei com eles.

– Eu também, comandante – falou o acompanhante dela e, calmamente, de mãos dadas, caminharam em direção aos reféns que permaneciam no chão, manietados e com o foco do refletor sobre eles.

– Preparem-se artilheiros – ordenou. – Logo que aqueles dois idiotas chegarem junto aos três disparem, sem piedade, sobre os cinco. Carga total.

– Não, meu pai. Não, por favor. – gritou Jarel, o filho do comandante, interrompendo a ordem de execução. – Aquela é a doutora Silvia Steinberg. Ela me curou e me tratou como a um irmão, alimentou-me, devolveu-me as forças e a vontade de viver quando estava no deserto abandonado por vocês para morrer. Devo minha vida a ela e aos três prisioneiros, que estavam juntos! Não faça isso... por favor!

– O que vem a ser isto, agora? Meu filho, o legítimo herdeiro do meu ódio, fraquejando, com sentimentalismo infantil!? Nada me deterá! Nada...

– Então, meu pai, terá que acabar comigo também. Adeus – e saiu correndo sem que ninguém conseguisse detê-lo, apesar da ordem do pai.

Do lado de fora, tomou o veículo anteriormente empregado para transportar os prisioneiros e celeremente dirigiu-se para o local onde os deixara. Parou, saltou e, tomado por funda emoção, abraçou-se ao casal.

Toda a comunidade do acampamento estava atônita com a velocidade dos acontecimentos. Todos ouviram e presenciaram a tudo e àquela cena insólita, sem saber como processar em suas mentes atordoadas.

A moça loura instalou pequena câmera num tripé articulado a fim de fosse vista e ouvida por todos em sistema televisivo:

– Comandante, olhe para mim!

– Pareço conhecê-la, mas não conte com minha piedade.

– Sim, entretanto, conceda-me alguns minutos. Sou hoje a doutora Silvia Steinberg e, se após o que eu tiver para falar o senhor insistir em seus propósitos, poderá, então, completar aquilo que não concluiu há vinte anos.

“Lembra-se, em Berna, comandante, no ano de 2.375, junto com o dr. Paul Hampton procuraram pela menina que morava com o casal Bjorn para eliminá-la e, não a encontrando, assassinou, a sangue frio, meus pais adotivos, Andreas e Olga Bjorn? Eu superei a dor e o sofrimento, mas o senhor, não. Aquelas imagens o perseguem e o torturam até hoje."

– E eu, comandante – seguiu-se à Silvia quando ela se calou –, sou Carl Bjorn, filho do casal assassinado, também superei a dor pela grande perda.

– Não estamos aqui para fazer as justas cobranças – prosseguiu Silvia Steinberg. – Seus atos impensados de outrora poderão ser reparados agora. Anteriormente você, nos Estados Unidos da América, sacrificou meus pais verdadeiros, lembra-se, comandante? Mas o que mais pesa, nestas circunstâncias, é manter na ignorância tantas criaturas, transferindo-lhes um ódio que é apenas seu.

– Se quer sacrificar alguém, sacrifique a nós, apenas – acrescentou Bjorn –, pois todos os demais são inocentes cativos de seus caprichos. Liberte-os para a vida e não os conduza para a morte inglória, como sempre foi seu desejo. Somos todos irmãos numa só família. Eles poderão ser curados de suas chagas e dores.

O rosto de Silvia parecia transfigurado e tornara-se mais belo mesmo à luz dos refletores.

O povo do acampamento saíra da estupefação para deixar-se envolver pela doce emoção, sentimento que se perdera ao longo dos caminhos de suas vidas.

– Começa uma nova era para o planeta, meus amigos – prosseguiu Silvia com outra inflexão na voz, dirigindo-se não mais ao comandante, mas a toda a comunidade. – Completa-se, hoje, o primeiro ciclo de despoluição da atmosfera e reservamos a aceleração do processo para esta área, de modo que, neste momento, a atmosfera já está ficando limpa. Assim não haverá mais doenças. Vejam quanta beleza há na vida, não vista há muito tempo. Entreguem-se à contemplação deste momento. As luzes serão apagadas. Agora olhem para o céu, desde o horizonte.

As luzes foram apagada todas de uma só vez e todo o ambiente mergulhou em completa escuridão. No céu, aos poucos, abriram-se nesgas no teto de nuvem poluidora, acentuando gradativamente os baços pontos luz que constituíam as estrelas mais brilhantes. Pequenos rasgos, a princípio, apareceram como irregulares lagos de estrelas cintilantes. Os rasgos aumentaram de tamanho deixando ver mais aglomerados de cintilações estelares, emendando-se uns aos outros, na abóbada celeste.

Murmúrios de emoção, discretos a princípio, percorreram todo o acampamento e, em pouco tempo, todo o esplendor do céu estrelado abria-se aos olhos admirados daquelas criaturas que, por um momento, esqueceram-se de suas dores. E Silvia continuou:

– "Eu vi um novo céu e uma nova Terra", disse o profeta do primeiro século. Se podemos ver um novo céu nesta noite de glória, poderemos, juntos, fazer uma nova Terra. E entre os dois, céu e Terra, estaremos nós unidos numa só família, permitindo que as estrelas de amor ressurjam e jamais se apaguem.

"Este céu é de vocês todas, crianças! Crianças, este céu é de vocês!"

Neste instante, o murmúrio iniciado transformou-se num cântico imenso, profundo, com expressões de alegria e felicidade. As crianças do acampamento e as dos 'invasores', num único impulso, começaram a gritar de alegria, uníssonas e, correndo, deram-se as mãos para correrem pelo descampado, dirigindo-se para o local dos condenados, numa dança improvisada e espontânea.

Ninguém ousava falar e uma discreta lágrima ousou rolar dos olhos do comandante, que, sufocando a própria emoção, saiu do seu mutismo e bradou a plenos pulmões, colocando o amplificador de som no volume máximo:

– Homens, atenção! Façam o que têm a fazer! Agora! Isto é uma ordem!

De imediato à voz de comando, todas as armas foram apontadas para os alvos previstos, mas... Oh! Surpresa!... Um dos homens, o mais velho, gritou para que todos ao seu redor pudessem ouvir:

– Eu farei o que tenho a fazer – pegou sua arma, virou a extremidade para baixo e, com toda a sua força, plantou-a naquele solo e levantou os braços, abertos em sinal de liberdade. Um segundo homem, um terceiro e um quarto fizeram o mesmo e o ato alastrou-se com tal intensidade que logo todo o acampamento havia se despojado de suas armas.

O comandante, exasperado, emitiu um grande e prolongado grito:

– Traidores! – e saiu da sala de comando esbarrando em tudo o que encontrava pala frente; tomou do primeiro veículo que encontrou desocupado e, em alta velocidade, saiu do acampamento, como um louco, desaparecendo no meio da noite estrelada.

Aos pouco, no horizonte, surgiu pequena claridade, que foi aumentando rapidamente, e logo por detrás do contorno das montanhas distantes, o crescente lunar surgiu com todo o seu esplendor, nunca visto daquela maneira por aquela gente.

A suave e límpida claridade invadiu toda a área, projetando no chão a sombra alongada das pessoas. Naquele momento de extrema beleza, fez-se total silêncio. Não havia como resistir. Alguém solfejou antigo adágio, e mais um, e mais outro juntaram suas vozes e, por fim, todos cantavam a canção que falava de saudade e de paz, chorando. Os dois grupos dirigiram-se um para o outro, de braços estendidos para abraçarem-se. Muitos soluçavam...

19. Regeneração

Passados os primeiros momentos da capitulação honrosa, Jarhel, o filho do comandante, por solicitação de Silvia, assumiu a liderança de seu grupo e o reorganizou. Assim, com a autoridade moral conquistada por sua atitude corajosa e humana, num momento crítico da vida dos Filhos da Luz, o novo líder transmitia as novas diretrizes traçadas em conjunto com o administrador, Silvia e Bjorn, através do sistema de comunicação interna.

Depois, em poucos minutos os pretensos invasores retornaram aos centros urbanos, permanecendo, na área interna do acampamento, apenas para apoio logístico, os técnicos planejadores das áreas da saúde, de higiene e saneamento básicos, psicólogos e equipes de voluntariado especializado. E o Serviço de Engenharia, em poucos minutos, montou, na periferia, os módulos de hospitais de emergência, de lazer e educação para as crianças, e praça de alimentação.

Tão logo clareou o dia, a doutora Silvia instalou seus equipamentos de prospecção de água potável no subsolo e detectou extenso lençol de excelente qualidade, poucos metros abaixo da superfície. Canalizou para a área interna e a água jorrou forte em vários pontos de distribuição, para a satisfação de todos.

A alegria e a paz já não eram desconhecidas e distantes.

A presença do *centro de filosofia da vida* foi de fundamental importância, nos dias subsequentes, atuando na reconstrução psicológica e moral daquelas criaturas perdidas e desesperadas, preparando-as para a gradativa reintegração na sociedade. Com paciência e desprendimento, os especialistas e voluntários promoveram o soerguimento da autoestima, no presente, com a superação das mágoas do passado e fortalecimento das esperanças no futuro. Com estímulos adequados, possibilitaram a redescoberta da Criação, como obra do Criador, e com isso redescobriram o sentido da beleza e recuperaram os valores da vida.

A bondade dos três amigos, quando prisioneiros, a solicitude e a ação curativa junto à população, a inocência das crianças aliviadas de seus sofrimentos adicionados ao carinhoso tratamento estabeleceram extensa relação de simpatia, reduzindo-se, assim, a intolerância. Apesar de sua condição de prisioneiros, Tracy, Alan e Alex já faziam parte da vida cotidiana e, com isto, haviam minado a sensibilidade de tantos, sufocada durante tanto tempo, levando-os a descobrir o quanto estavam extenuados daquela vida e preparando-os para a grande libertação.

* * *

Passara-se um mês após a capitulação do Filhos da Luz e o administrador programou, em sua casa, reunião para avaliação de todo o trabalho efetuado.

Bjorn, o primeiro a chegar, resolveu espairecer no pequeno bosque circundante, aproveitando assim o tempo disponível. Caminhando, com calma, pelas alamedas floridas, alcançou o pequeno lago em frente ao qual conhecera Silvia. E, por coincidente surpresa, encontrou-a novamente, no mesmo banco, apreciando um livro.

Quando ela o percebeu, abriu largo sorriso, levantou-se e atirou-se naqueles braços que a esperavam distendidos. E estreitaram-se com alegria e emoção. Naquele instante de ternura, não tinham nada para dizer um ao outro.

– Silvia – exclamou por fim Bjorn –, temos tido pouco tempo para nós...

– Tem razão, querido meu, nossas missões nos tem absorvido todo o tempo disponível, mas nem por isso será menor o nosso amor.

Abraçados, caminharam em silêncio até que o encantamento fosse quebrado pela chamada para a reunião prevista para aquele horário.

O administrador já se encontrava na sala de reuniões, quando chegaram os convidados, quase que simultaneamente, estampando no rosto e nas atitudes a alegria do reencontro.

O administrador assumiu a direção da reunião, dirigindo-se a todos:

– Meus amigos, a missão teve êxito total, além do esperado...

– Como, além do esperado, senhor administrador? – Silvia perguntou, de modo respeitoso.

– A mola mestra do sucesso – apressou-se em responder – teve origem no seu e nosso Querido Amigo, Silvia, e na interação de todos vocês, conscientes de importância do sentimento de amor coadjuvando fundamentalmente a atividade de sensibilização. Mas a chave mágica que abriu todas as portas foi sempre Jarel, o filho do comandante.

"Logo que ele foi abandonado para morrer solitário, à noite, Sophos guiou-o, mentalmente, na escuridão, até nossa casa. Aqui ele experimentou, pela primeira vez em sua vida, um tratamento carinhoso e sincero. Também, pela vez primeira, conheceu o afeto, a honestidade e os princípios de fraternidade como valores da alma, nunca experimentados. De retorno ao seu grupo, ele voltou interiormente transformado e, dia após dia, sua mente estabeleceu uma série de comparações, questionou atitudes e valores. Só não podia expor claramente seu pensamento diante da horda envenenada pelo seu pai, o comandante.

"Sua consciência estava ferida e abalada, por isto tornou-se calado, taciturno e estranho ao próprio grupo, que inicialmente espantou-se com sua sobrevida e sua cura, depois estranhou seu silêncio, considerando-o, à boca miúda, possuído de alguma deficiência mental e, em seguida, deixaram de dar importância ao fato, pois não prejudicava a ninguém!

"Alex, saiba que toda a proteção que vocês tiveram no cativeiro a receberam ocultamente de Jarel, por sua condição de filho do comandante. E com relação aos resultados além do esperado, houve um fato determinante. No momento das decisões cruciais de disparar sobre vocês e desferir o ataque aos demais, Jarel, intencionalmente, apertou um dos botões do painel e religou todos os monitores e telas de recepção do acampamento para que todos assistissem a tudo. O que ele não sabia é que, de todos os botões do painel de distribuição, aquele era o único que estabelecia a ligação com todas as demais unidades de resistência existentes."

– Isto significa que – aduziu Alex, fazendo pausa...

– Isto significa – concluiu o administrador – que todos os bolsões dos Filhos da Luz assistiram a tudo, integralmente, com muita perplexidade.

"Quando o comandante saiu em disparada, muitos pensaram que foi por loucura repentina, por desespero, contudo, inteligentemente, buscou os demais núcleos de outras regiões a fim de preparar nova estratégia de resistência, entretanto, incompreensivelmente para ele, não encontrou receptividade em nenhum deles."

A sala permaneceu em total silêncio; todos pareciam meditar, comovidos. E o administrador prosseguiu:

– Está desaparecido. Por hora, perdemos contato.

– Por hora, meu pai? – ajuntou Tracy. – Por quê?

– Segundo nossos analistas, agora, sim, ele está louco e desesperado, e pode, ainda, cometer algum ato violento. Tenham atenção e cuidado!

– Será que depois de todas estas informações ainda teremos surpresas? – perguntou Alex, sorrindo, quebrando um pouco a apreensão que se estabelecera.

– Qual a verdadeira razão de sua pergunta, Alex? – questionou o administrador, com um sorriso, também. – Em que você está a pensar?

– Senhor – esclareceu Alex, agora sério –, sinto dentro de mim, desde que nos engajamos nesta missão, como um dique por transbordar, mas que falta uma gota, apenas. Sinto que há uma verdade maior da qual fazemos parte, mas que não consigo vislumbrar, apesar de espraiar-se em nós e em torno de nós... – reticenciou Alex, sem encontrar meios para se expressar.

Silvia, à sua frente, fez assentimentos com a cabeça, o que não passou despercebido pelo administrador.

– Você também pensa assim, minha filha? Fale o que tem em mente – estimulou ele, com paternal expressão.

– Sinto apenas que é a respeito da amplitude do plano desenvolvido, que não terminou e que é maior do que nossa capacidade de apreensão, e mais, que há um desígnio fundamental, operante, vivo – Silvia calou-se, enxugando os olhos umedecidos, enquanto os demais companheiros também assentiam com as cabeças.

O velho administrador cofiou a barba encanecida, olhou um por um e falou com sinceridade:

– Fico imensamente feliz por perceber o nível de percepção que os acompanha e o modo responsável como a aplicam. E não sabem mais porque não lhes foi ainda permitido recordar. Mas este é o momento e alguns de vocês recordarão, com nitidez, por emersão do passado, à medida que eu for esclarecendo:

"A necessidade de sobrevivência da humanidade e as conquistas morais já alcançadas, no curso dos séculos, desenvolveram forte sentimento de solidariedade, mas uma solidariedade fria e calculista. Era preciso que esse sentimento se aformoseasse e, enriquecendo-se de vida e beleza, destravasse outros valores em estado de crisálida adormecidos no fundo de cada ser, para tornarem-se integrais e a vida voltasse a ter significado mais nobre do que simplesmente passar por ela em cumprimento a um ciclo natural. Quero-lhes revelar que as mentes superiores, diretoras da vida planetária, do seu plano de existência, decidiram enviar-nos em missão, sob o comando amoroso do nosso amado Sophos, que tem plena consciência do planejamento geral, enquanto vocês, no momento adequado, reatarão os fios das lembranças anteriores.

"Por inspiração daqueles verdadeiros vates espirituais, proliferaram os *centros de filosofia da vida*, sob a ótica dos postulados largamente difundidos no antigo continente sul-americano, no século vinte, de doutrina filosófica surgida na França do século dezenove. O espiritismo foi estruturado de tal maneira pelos mesmos orientadores espirituais que foi capaz de unir os postulados da ciência aos aspectos moralizadores do cristianismo primitivo em sua suavidade e beleza, sem os atavios e as enxertias que as religiões humanas, ditas herdeiras da vontade divina, fizeram para atender aos interesses puramente políticos e temporais."

– E essa doutrina não sofreu nenhuma influência? – considerou Pandiá. – Observando-se, na história, que o cristianismo avançou para os aspectos e práticas judaizantes, somados à forte acomodação com o paganismo na consolidação do catolicismo, como religião de estado.

– As mudanças, meu amigo, no coração do homem, não se operam de um momento para outro. O extremo orgulho e vaidade hebraicos, conservados na grande roda das reencarnações, não conseguindo estancar o avanço assustador do que chamavam de praga do cristianismo, não tiveram outra alternativa se não aderirem, impondo, sutilmente, a sua supremacia. As profecias de Jesus, que conhecia o sentimento do judeus, afirmaram que sua Boa-Nova seria esquecida, mas que enviaria um outro Consolador para promover a recordação de suas verdadeiras palavras e trazer, na época oportuna, novos ensinamentos; e acrescentou que esse Consolador, o Espírito de Verdade, permaneceria eternamente, no mundo. E, observem, quantos séculos se passaram...

"A doutrina trazida ao mundo, Pandiá, respondendo à sua pergunta, sob o vigor e orientação de Allan Kardec, o missionário convidado pelo próprio Espírito de Verdade para implantá-la, manteve-se incólume, sempre, porque não há como deturpá-la, mas os homens, em seus agrupamentos de estudos e organizações, de alguma forma aceitaram as mesmas inspirações judaizantes. Extremamente combatida pelo catolicismo, que não logrou êxito em sufocar a doutrina consoladora, como ficou conhecida, teve bispos e prelados reencarnados em seu seio que, mesmo compreendendo a verdade, não deixaram de impor suas velhas práticas do judaísmo. Isto já havia sido previsto pelo próprio Allan Kardec, como também que o tempo haveria de escoimar as arestas e as escórias, deixando vir à luz, no futuro, todo o seu esplendor."

– Podemos, então, considerar que a pureza do cristianismo ficou preservada, em sua essência – conclui Bjorn –, e hoje permanece avançada nos *centros de filosofia da vida*...

– Sim, estas instituições trabalham a consciência humana com a simplicidade de suas assertivas, sem imposições ou violação da vontade individual e auxiliam o homem a desenvolver os potenciais da mente e do espírito, já despontados na criatura vivente de nossa era, o que ninguém desconhece, mas que permaneceu sem o necessário cultivo que leva ao desabrochar mais amplo em direção à plenitude.

– Há de se concluir, deste modo, que os *centros de filosofia da vida* não ficariam alheios a toda operação de resgate – expressou-se Tracy participando do diálogo.

– Enquanto que, da Biosfera III, Sophos dirigia, orquestradamente, toda a Operação, os *centros de filosofia da vida* permaneciam em transe, operando a transmissão de ondas eletromagnéticas. Com a energia de uma monoidéia, agia sobre aqueles espíritos angustiados procurando atingir-lhe os sentimentos que, um dia, começaram a hibernar.

– E a missão terminou? – perguntou Tracy, com animação, aproveitando-se de uma pausa.

– Não, meu filho. Há muito o que fazer. A tarefa básica está concluída.

– E qual será, daqui para diante, o destino dos Filhos da Luz? – expressou-se Pandiá. – O que será deles?

– Se, por um lado, perderam longo tempo envoltos no véu da cegueira espiritual, por outro desenvolveram habilidades e raciocínio próprios na luta pela sobrevivência. Embora mal direcionadas, suas mentes mantiveram-se em permanente exercício. Aos poucos estão tomando contato com o novo modo de vida em virtude da atual tecnologia, avançada para eles.

"Como formam, ainda, um grupo homogêneo, decidiram democraticamente modificar a autodenominação de Filhos da Luz, considerando que o seu significado não mais atende à sua filosofia de vida e de propósito. Optaram, recentemente por chamarem-se de "irmãos da luz", sem conotação de clã, levando em consideração o fato de renascerem para a luz da razão. Quando afrouxaram a resistência e abriram suas almas, em definitivo, libertando-se de si mesmos, e atiraram-se, de braços abertos e desarmados para nós, arrebentaram algumas barreiras e diques, transformaram-se em irmãos.

"O desencadear das forças invisíveis, como somatório do campo gerado por nossas mentes e sentimentos reunidos, enriquecido pelas energias espirituais acumuladas, no grande momento, alcançaram a todos os núcleos de resistência, interligados naquele instante como névoa luminosa, irradiando serenidade de profundo alcance, ativando nos arquivos mais profundos de cada alma para trazer à superfície da consciência, sob a forma de não identificada emoção, a centelha divina que lá existe" – o administrador falava, comunicando sua emoção aos amigos que partilhavam os mesmos sentimentos. Fez pequena pausa e solicitou:

– Agucem seus sentidos psíquicos e deixem exteriorizar suas energias anímicas. O momento, meus amigos, é solene e de grandeza para todos nós. Relaxem!

Alguns segundos passaram-se e, na extremidade da mesa ao lado do administrador, foi-se formando tênue névoa, a princípio, condensando-se alongada em tom ligeiramente azulado, exteriormente rarefeita e de maior condensação no núcleo. Mais e mais condensada definiu-se, em pouco tempo, a forma de um homem. A sala, agora, parecia banhada de suave claridade de luar e por fim tornou-se corporificada, quase que totalmente condensada a forma de alguém conhecido.

– Querido Amigo – exclamou Silvia, emocionada!

– Meus filhos, sei que assim posso nomeá-los. Sinto-me integrado em vocês do mesmo modo que vocês em mim, neste instante.

"Por longas eras vimos juntos, sob a direção de amigos elevados na hierarquia espiritual responsáveis pelo plano de transformação da Terra. Nossa humanidade tem vivido na condição de criaturas em regeneração, após à libertação do caos em que vivia mergulhada: ódio e luxúria, egoísmo e criminalidade, dor e desespero, com seu auge nos séculos vinte e vinte e um.

"Ao lado do peso de débitos acumulados, os ensaios de fraternidade e exaustivos exercícios de amor, sempre estimulados por um ou outro missionário, também em resgates laboriosos para manutenção da chama do cristianismo.

"No anseio e no esforço pela regeneração, com fundos receios de recair nas ciladas das próprias vidas ou temerosa de sucumbir ou trair-se ante os antigos impulsos e chamamentos das falsas emoções, ocultou e sepultaria, se fosse possível, os anseios mais nobres e emoções mais puras. Mas agora, mais segura, inicia novo processo de autolibertação de um longo curso em direção a um futuro glorioso, pois já consegue aspirar à felicidade sem individualismo.

"Outros grupos como o nosso cumprem seu papel, em vários pontos do globo. Mas este avanço não poderia ocorrer sem que fossem eliminados todos os pontos de conflitos e resistência, sobretudo no âmago da alma, a fim de que a luz coletiva fosse o resultado da claridade individual, inclusive daqueles que a tinham oculta.

"Daqui para diante, a continuidade estará em suas mãos, prossigam sem receios!" – e Sophos calou-se, por um instante, oferecendo oportunidade para perguntas, como era de seu feitio.

– Querido Amigo – Silvia, sempre a primeira a perguntar, o fez sem esconder sua apreensão – , o que está querendo nos dizer?

– Estou dizendo, querida, que meu tempo na Terra já expirou. Devo partir.

– E eu... e nós? – insistiu ela com os olhos marejados.

– Vocês têm maturidade suficiente para prosseguir e, além disso, estarei sempre perto e poderão sentir-me quando quiserem, ouvir-me ou ver-me, bastará a necessidade e a vontade. Jamais existirá distâncias entre nós! Não se entristeçam. O momento é para alegria; somos quais os raios de um mesmo sol.

– Sophos!

– Sim, Alex.

– Podemos entrever a magnitude do plano de evolução da humanidade, reconhecemos a insignificância de nossas almas sempre reincidentes, mas como compreender a conservação retilínea de um planejamento, apesar de tantos desvios e desencontros?

Sophos olhou-o longamente, em silêncio, e acrescentou, pausadamente e com especial inflexão de voz:

– Jesus, sempre Jesus.

O Querido Amigo tocou naqueles corações sensíveis e até o administrador detinha os olhos umedecidos. Aos poucos sua imagem diluiu-se até que restou momento para um aceno:

– Lembrem-se de que há acontecimentos cujo rumo não podemos mudar. Traçada sua trajetória por nós mesmos, num passado distante, eles vêm, um dia, para serem definitivamente eliminados para nossa felicidade. Vocês compreenderão.

"Até breve, meus filhos. Até breve."

Decorreram alguns segundos de silêncio até que o tênue véu azulado desaparecesse de todo.

– E ele? O que está acontecendo? Para onde foi, agora?

– Silvia, minha querida – respondeu o administrador –, já aconteceu. Hoje pela manhã ele me convidou para conversarmos. Transmitiu-me suas instruções, dizendo serem as últimas, e estava muito bem e de muito boa aparência. Caminhamos um pouco pelo setor da Biosfera III, onde cultivamos as flores mais raras, e depois recolheu-se aos seus aposentos. Abraçou-me, avisando que dentro de alguns minutos iria partir e considerava aquele instante como seu presente de aniversário.

"Entregou-me todas os registros, indicou aqueles que lhe deveriam ser entregues e disse mais, que partiria, como das outras vezes, aos setenta e cinco anos, só que não voltaria mais, como fizera outrora.

"– Convivi toda uma vida ao lado do amigo e nunca deixei de me surpreender. Deitou-se e continuou a falar-me:

"'*– Meu estimado amigo, imediatamente à minha partida, desejo que meu corpo seja cremado e as cinzas espalhadas no jardim – e pilheriou, pela primeira vez –, onde darão um bom adubo.*'

"Tentei falar alguma coisa, mas ele me interrompeu: '*– Não fale agora!... resta-me pouco tempo. Sei o que você está pensando. Quanto à nossa equipe, eu mesmo falarei com todos, em sua casa, na reunião prevista para hoje. Todos os dados de computação individual foram transferidos para a Central e nada há que copiar, reproduzir ou apagar. Tudo desligado. Eliminei minha identificação digital e genética de acesso a todas as áreas. Oficialmente estou desligado da vida física. Não mais existo.*'

"Neste instante, respirou fundo como se reunisse todas as suas forças, uma vez que já falava um pouco mais devagar que o habitual e continuou: '*– Meu prezado amigo, esposamos os mesmos ideais e guardarei com carinho sua amizade, dedicação e fidelidade aos compromissos assumidos. Olhe por nossos tutelados, pois estão no caminho certo. São os filhos pelo coração. Por favor, pegue aquela pequena caixa metálica sobre a mesa.*'

"– Esta, amigo?

"'*–Sim, é para Silvia. Diga-lhe que isto representa, sem móvel de idolatria, todo o significado de vida da minha existência...*'

"O seu Querido Amigo, Silvia, falou mais lento e com ligeiro brilho nos cantos dos olhos, reflexos da luz em pequeninas lágrimas que não rolaram, permaneceram ali mesmo, e continuou: '*Recebi-o de minha mãe, que, agora ao meu lado, me aguarda. Adeus, ou melhor, até breve.*'

"Fechou os olhos como quem adormece e, de imediato, seu coração parou de bater. O mais curioso, meus amigos, é que foi tão preciso que seu alojamento se encontrava totalmente limpo por ele, após ter devolvido tudo ao Patrimônio; quase vazio, restando apenas sua cama e uma pequena mesa, parecia nunca ter sido habitado."

O administrador calou-se. Silvia recebeu das mãos dele a pequena caixa, abriu-a e colocou-a sobre a mesa para que todos a vissem.

Lá dentro encontrava-se uma pequena cruz de madeira, dois pedaços de galhos encaixados um no outro, por entalhe, e amarrados de modo rústico por fibra de casca de vegetal. Cabia na palma da mão.

Silvia levantou-se lentamente e cerrou os olhos, no que foi imitada por todos movidos por um impulso de reverência e de respeito, e falou quase num sussurro:

– Leva contigo nosso respeito, gratidão e, sobretudo, o nosso amor!

Nesta hora, um repentino clarão invadiu a sala como resposta.

20. QUASE NO FIM

Passaram-se meses e a B-III, como ficou conhecida, o maior centro de produção e difusor de ciências com ramificações em todo o mundo, prosseguiu na permanente e gradativa despoluição da atmosfera e iniciou projeto de despoluição de águas de superfície, em larga escala, trabalhando com a produção de algas geneticamente aperfeiçoadas capazes de promoverem biodegradação, ativadas por novos implementos eletrônicos.

A sensível e permanente modificação do ângulo do eixo do mundo, em virtude dos inúmeros acidentes geológicos, naturais relativos às acomodações das placas tectônicas e da precessão dos equinócios, já colocavam a descoberto novas terras com o recuo do mar em algumas regiões, por longas extensões litorâneas. Isto possibilitou experimentos de cultivo fora das biosferas, a céu aberto. Sob a proteção do fundo lodoso, os sedimentos conduzidos para as bacias e depositados durante centenas e milhares de anos, não atingidos pela poluição, conservaram compostos orgânicos e minerais, combinados com zoófitos e plâncton, transformando-se, então, em apreciáveis fertilizantes.

Os *centros de filosofia da vida* alcançaram todas as camadas da sociedade, não como ideologia única e sectária de pretensões mundiais, mas como uma idéia universal que considera a importância dos valores materiais a serviço do cultivo dos bens morais com vistas à expansão dos bens espirituais. Desta forma, o sentimento de solidariedade enriqueceu-se com a exaltação da fraternidade.

As ciências deixaram de ser encerradas em compartimentos especializados para alguns para conduzir-se à interação do conhecimento para todos

O energia solar passou a ser utilizada como a maior fonte de energia para a vida planetária com a utilização de satélites espaciais estacionários, captadores e reemissores, além da inteligente manipulação da gravidade e do magnetismo terrestres. As fontes de origem extrativa utilizadas ao mínimo, com beneficiamento dirigido a vestuário, calçados e utilitários de menor expressão, evitavam os agravos da poluição. As ciências e o cultivo das potencialidades da *psique* tiveram extraordinário avanço, com maior desenvolvimento da telepatia e das comunicações com as dimensões extrafísicas.

A morte deixou de ser o monstro aterrorizante e cruel para constituir-se no atestado natural da vida, um portal tão significante quanto o do nascimento.

A ciência pragmática, apoiando-se nos ensaios sobre a hipótese Deus, acompanhando de perto os *centros de filosofia da vida*, por fim ampliou a concepção de universo, observando que as últimas teorias foram descobertas fragmentárias sobre a origem numa força única e criadora, ao mesmo tempo poderosa e externa à matéria, mas imanente em todos os seus elementos e formas. Com isto, o entendimento do espírito independente do campo das formas físicas e perecíveis, como o ser inteligente, eterno, indestrutível, em permanebte evolução.

21. Resgate

Ainda surpresos pelos acontecimentos, com imensa saudade no coração, mas consolados pelos acenos de imorredoura esperança, despediram-se do administrador e, acompanhados por ele, buscaram o exterior da minibiosfera onde se encontravam seus veículos.

Silvia mantinha-se cabisbaixa e misteriosamente silenciosa.

– O que está havendo com você, Silvia? Nunca a vi assim! – exclamou Bjorn com imenso carinho.

– Não sei, querido! Não sei! – inesperadamente Silvia abraçou, demoradamente, um a um de seus companheiros, chorando inexplicavelmente, e, por último abraçou-se a Bjorn para depois afagar-lhe o rosto, os cabelos e dizer, entre soluços.

– Meu querido, meu querido! Eu o amo muito! Nunca se esqueça disso! Esteja onde eu estiver, estarei sempre com você! Sempre! – e repentinamente afastou-se dele, um pouco mais distante do grupo.

Estavam todos atônitos, pasmos, quando a surpresa chegou o seu limite. Do meio da noite, de um local mais ensombreado, a pouca distância, surgiu um ponto vermelho percebido por Tracy que alertou:

– Vejam, o que será aquilo?

Não houve tempo para qualquer resposta. Um fino jato de luz deslocou-se veloz e, numa fração de segundo, antes de consumir-se, atingiu em cheio o lado esquerdo do peito de Silvia, que, sem um gemido, mas com expressão de imensa dor, dobrou os joelhos e caiu fulminada.

Estavam paralisados, quando uma gargalhada estranha soou no silêncio da noite. Dois homens estavam de pé, um deles com uma potente arma *laser* que lançou ao chão. De imediato foram dominados pelo servidores da casa, ex-seguranças do administrador.

O homem que detivera a arma nas mãos gargalhava como louco e gritava:

– Hoje cumpri minha missão interrompida há vinte anos, na Suíça... Missão cumprida...

Era o comandante dos Filhos da Luz acompanhado pelo antigo companheiro, dr. Paul Hampton, assassinos dos pais de Silvia, nos Estados Unidos e dos pais de Bjorn, na Suíça. O mesmo Paul Hampton que, na identidade de Pelier, tentara sabotar o debate, na Magna Academia.

Recolheram, com todo carinho, o corpo inanimado de Silvia e o levaram para o interior da casa. Estavam todos contristados.

– Ela pressentiu tudo, meus filhos – comentou o administrador à meia voz. – Só não pôde identificar a origem de suas apreensões.

– Ainda salvou-me a vida, afastando-se de mim no momento preciso – comentou Bjorn com certa dificuldade, ao que Pandiá acrescentou:

– Salvou a sua vida, Bjorn, e a de qualquer um de nós. Não deixou ninguém na linha de disparo.

– Agora podemos compreender a últimas palavras do Querido Amigo, referindo-se aos acontecimentos cujo rumo não podemos mudar – aduziu Alex. – Mas nunca poderia imaginar que presenciaríamos tal coisa, tão imediatamente e com a nossa amada Silvia.

Alex pediu alguns minutos de silêncio e concentração de todos, cerrou os olhos e, em transe sonambúlico, falou com serenidade:

– Silvia não está mais aqui. Vejo um lugar distante, um jardim de traçado muito antigo. Num recanto, uma construção também muito antiga, semelhante às gravuras do século dezoito ou dezenove, precedida por caramanchão florido e semicoberto por hera. Adentro e vejo Silvia reclinada em larga poltrona, amparada pelo Querido Amigo. Está serena, adormecida e bela como nunca. Esperem, Sophos, o Mestre, fala ao meu pensamento:

"–Silvia resgatou, hoje, o último resquício de um passado muito distante. Agora está em necessário repouso, em paz. Logo estará em plena atividade em sua nova condição de espírito liberto, mais luminosa e na plenitude da consciência de suas vidas. Era preciso que assim fosse. Seu pensamento permanece em Carl com a sublimidade de um amor imorredouro. Vá, meu filho, eu o chamei para que visse e tranquilizasse aos outros. Um dia, estaremos todos reunidos, pois o amor é o elo sagrado de nossas vidas!"

22. No Promontório

Ao pé do rochedo íngreme e escarpado, por entre as fendas sofridas pela constante impetuosidade do mar, as ondas se esbatiam, serenas, àquela hora da noite. O som cavo, quase rítmico, chegava abafado ao alto da penedia, perdido por entre as locas de pedras.

Por vezes um vagalhão desgarrado de mar alto chegava inesperado e agressivo, com estrépito, quebrando a sonoridade compassada.

A Lua nascera mais cedo, mas ainda debruçava, tranquilamente, sua claridade suave sobre o oceano, em longa esteira a partir da linha do horizonte.

No alpendre senhoril ousadamente avançado, no espaço livre, além dos limites do promontório, iluminado apenas pela suavidade lunar, Bjorn, reclinado em confortável poltrona, meditava:

Silvia se fora e fazia-lhe grande falta. Seu largo sorriso, por vezes enigmático, sua beleza suave e os gestos comedidos, a voz cristalina, seus anseios e esperanças... Compreendia, sinceramente, que a morte era o portal para uma vida mais exuberante e bela, mas que também as saudades eram imensas.

Olhava a Lua, naquela hora, dominado pela suavidade do ambiente e prosseguia pensando em como era bom estar ali, na solidão daquele alpendre, mas que felicidade se a Silvia estivesse também, do modo como planejaram tantas vezes, para uma vida em comum, a dois... Durante o dia, o trabalho o absorvia, mas as noites... as noites eram tão longas... e somente conseguia conciliar o sono alta madrugada...

Mas possuía um consolo que o alimentava fortemente. Ela vivia, pensava nele e, em muitas ocasiões, ouviu-a chamá-lo pelo nome. Tinha a certeza de que um dia novamente caminhariam juntos, de mãos dadas, em outras paragens...

Assim permaneceu por longo tempo, sem registro do quanto havia se passado, até que ouviu aquela voz conhecida chamar-lhe, com a mesma doçura:

– Carl! Carl, querido! Vem comigo... – olhou em volta e nada viu, mas um frêmito de alegria percorreu-lhe todo o corpo. E de onde estava olhou a Lua mais uma vez. No entanto, pareceu-lhe ter perdido a regularidade da forma e unira-se ao clarão do mar como numa só figura.

Aos poucos, no âmago daquela transformação, delineou-se a imagem perfeita de Silvia, bela e translúcida a estender-lhe os braços, pairando acima do chão:

– Carl! Carl, querido! Vem comigo por alguns instantes... Este é o nosso prêmio por nossas esperanças.

– Silvia! Silvia! Esperei por você tanto tempo... – balbuciou ele quase num fio de voz, embargada pela emoção. – Sabia que viria para levar-me com você...

– Ainda não, Carl! Não chegou seu tempo, mas prometo-lhe que virei buscá-lo. Por agora, querido, abrace-me, apenas...

Bjorn sentiu-se leve e desprendeu-se do corpo reclinado na poltrona e flutuou na direção de Silvia.

Eram duas almas que se abraçavam num beijo prolongado de imensa ternura, girando em volutas, no espaço, para além do promontório... acima... muito acima do mar, por um tempo quase infinito.

* * *

Carl Bjorn, ao retornar do transe a que se entregara, viu-se de repente a sós. Mas, ainda sob os encantos de visão espiritual, percebeu Silvia a se afastar como um meteoro num rastro de luz, mesclando-se ao céu profundamente constelado.

La Fin